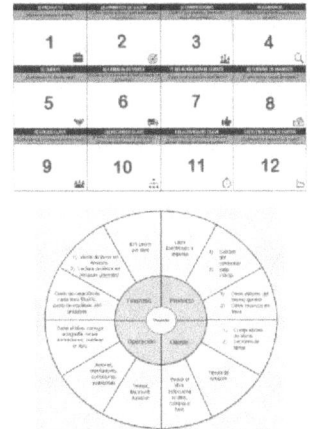

CANVAS-X Modelo de negocios

MODELO DE NEGOCIOS PARA EMPRENDEDORES Y ADMINISTRADORES

Alejandro Chavez Castillo
CONSULTIA SC | www.consultia.mx

Contenido

Dedicatoria

Este libro lo quiero dedicar a mi suegra Alejandra Ferrer Sandoval, quien en el mes de diciembre del 2017 abandonó este mundo para pasar al siguiente y quien en vida siempre destacó como emprendedora de negocios, amante de acudir a la FIL (Feria internacional del libro) de Guadalajara para surtirse de libros que leer y de escuchar la música de Yanni. Su cuerpo ya no está aquí, pero su espíritu esperará a todos los que aún estamos de este lado de la rueda de la vida.

Por cierto, a mi suegra le gustaban las novelas románticas, el drama, los escritos de Paulo Coelho y Jorge Bucay, pero si me espero a escribir una novela o ensayo como estos autores me puedo extender varios meses, así que hago homenaje con lo que tengo y los temas que si manejo bien (o por lo menos eso creo). ¡Hasta siempre!

Agradecimientos

Agradezco a los maestros de la Universidad del Valle de Atemajac (UNIVA) Rosa María De Anda Sánchez, Reyna Esperanza Ponce Ramirez, Antonia Ingrid García Santoscoy, María Guadalupe Moyano Martínez, Monserrat Cuevas Aguirre, Gabriela Alcaraz Neri, Lorenzo Pozos Ponce, Ignacio Vazquez, Mirna Gabriela González Gómez, Carlos Hoyos, Ricardo Alejos Vizcarra, Julia Samperio y Luis Pacheco por organizar la expo-emprendedor de donde tome algunos ejemplos del CANVAS clásico mostrados en el capítulo 5 de este libro realizados por los alumnos de esta universidad.

También agradezco los comentarios del maestro Mario Leopoldo Castillo Colque por sus comentarios sobre el modelo CANVAS que ayudo a crear el modelo circular de CANVAS-X.

Prologo

Entre los años 2012 y 2017 participé como consultor interno de emprendedores y pequeños negocios ayudándolos a completar su portafolio de negocios en las áreas de:

- Constitución legal
- Mercadotecnia y venta
- Operaciones

En este periodo, usamos en modelo de CANVAS clásico para crear un resumen del modelo de negocios de cada uno de los emprendedores que participaron en el programa.

Después de varios años de usar CANVAS noté que siempre quedaba un hueco a la hora de definir cuál era el producto y quienes eran sus principales competidores, de ahí empecé los esfuerzos al principio renuentemente de modificar el diseño y contenido del CANVAS hasta convertirlo en lo que hoy llamo el CANVAS extendido o CANVAS-X para abreviar el concepto.

Este es el primer libro publicado por mi sobre herramientas no informáticas para negocios y no será el último. Espero que este CANVAS-X te sirva tanto como a mí, al momento de presentar modelos de negocio a los emprendedores, empresarios e inversionistas.

Sobre el Autor

Alejandro Chavez es autor de varios libros sobre Microsoft Excel y otros temas que puedes encontrar en www.amazon.com o en el portal de Amazon en tu país.

Cuando no está impartiendo cursos o conferencias sobre herramientas de análisis de datos, colaboración en la nube o posicionamiento web, seguro está dando un paseo en bicicleta, visitando algún lugar de valor histórico en Jalisco México o buscando alguna nueva herramienta en internet.

Para comunicarte con Alejandro puedes enviarle un correo a achavez@consultia.mx él recibirá con gusto tus sugerencias, quejas y comentarios sobre este libro y los anteriores.

Recomendaciones

Te recomiendo leer este libro completo en forma secuencial, a menos que ya conozcas bien el modelo CANVAS Y decidas brincar directo al capítulo 2.

Símbolos usados

Símbolo	Significado
	Cuidado
	Enlace web
	Idea o recomendación
	Nota importante o comentario a considerar.
	Video que explica el tema.
	Ejercicio o video de práctica.

Capítulo 1: Modelado de negocios con CANVAS

En este capítulo te mostraré que es el modelo clásico de CANVAS y como se usa para explicar tu concepto de negocio.

¿Qué es el modelo de negocios CANVAS?

El modelo CANVAS es un formato relativamente sencillo que sirve para explicar cómo funciona un negocio a otras personas de forma resumida.

Si eres un emprendedor y tienes una idea de negocio que crees que podría funcionar para ti, el CANVAS te puede ayudar a representar o "aterrizar" tu idea de negocio en una simple hoja de papel.

Nota: Para emprender un negocio el CANVAS es sólo una herramienta más, aunque muy útil, pero no sustituye el plan del negocio o a una asesoría de parte de consultores especializados en asesorar emprendedores.

También los empresarios que ya tienen funcionando un negocio se pueden beneficiar del modelo CANVAS para explicar su negocio a extraños, por ejemplo, posibles inversionistas interesados en meter su dinero a tu empresa para obtener un beneficio económico mientras te ayudan a crecer tu negocio.

¿Cómo se ve el formato de CANVAS?

El formato básico del modelo CANVAS se ve como se muestra en la siguiente figura.

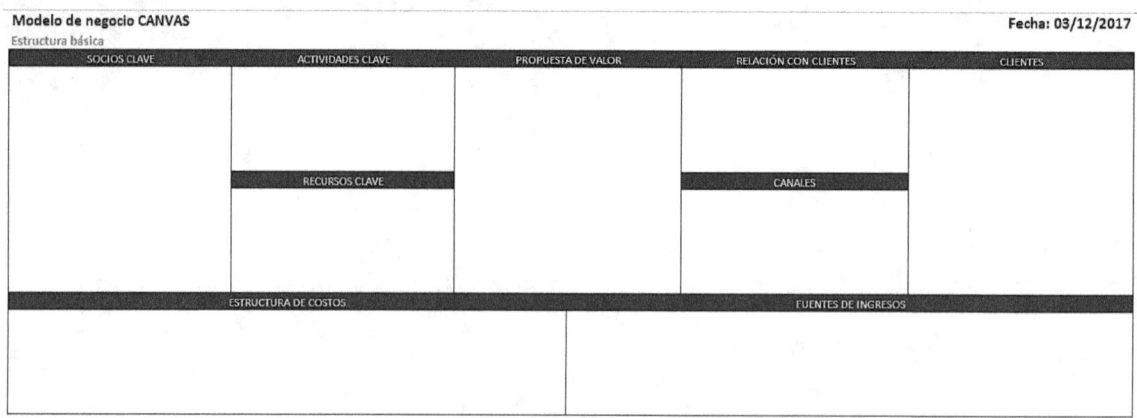

Figura 1.1 Estructura del modelo CANVAS

Nota: El tamaño de los cuadros puede ser el que tu decidas, siempre que se respete el orden de los cuadros. Es decir, puedes cambiar el ancho de las columnas y el alto de cada cuadro.

Para facilitar su estudio estableceremos una secuencia de llenado colocando números (sólo como referencia) como se ve en la siguiente figura.

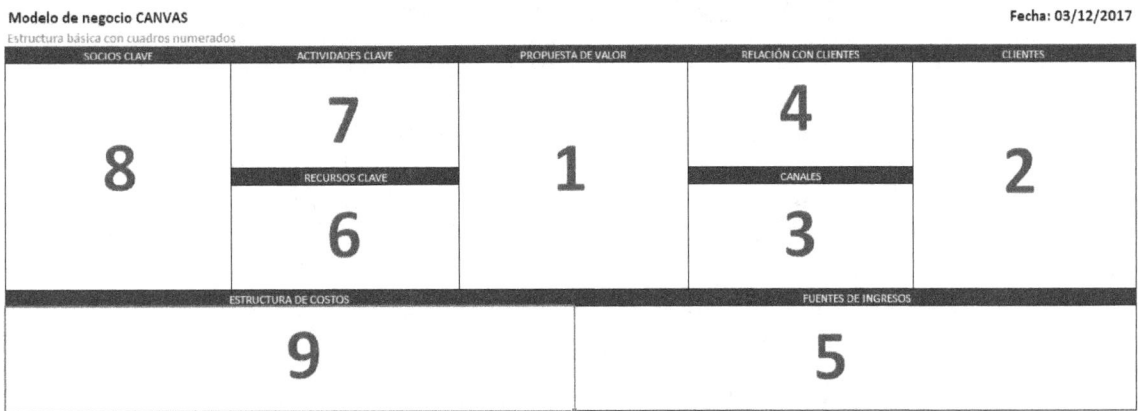

Figura 1.2 CANVAS con cuadros numerados para facilitar su entendimiento

Ahora veremos el contenido de cada cuadro. Desarrollaremos el ejemplo de un negocio que venderá libros impresos y electrónicos a través de internet.

Cuadro 1: La propuesta de valor

En primer lugar, en el cuadro 1 se coloca la descripción del producto o servicio que le empresa vende, resaltando los atributos más importantes por los cuales los clientes prefieren tu producto en lugar de elegir a tus competidores.

A continuación, se muestra este cuadro lleno de etiquetas tipo notas auto-adheribles (post-it).

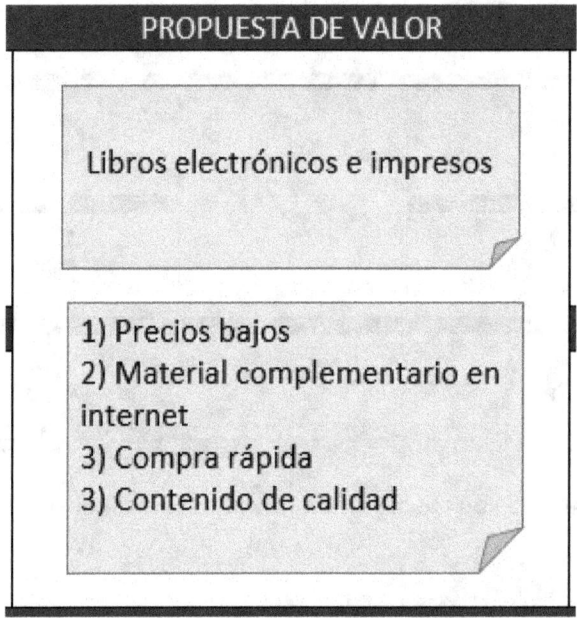

Figura 1.3 Cuadro de propuesta de valor

Ahora podemos ver que los productos de este negocio se basan en libros electrónicos e impresos y que sus atributos más importantes son:

- Precios bajos
- Material complementario en internet
- Una experiencia de compra rápida
- Contenido de calidad

Cuadro 2: El Cliente

Ahora que ya dejamos claro cuál es el producto, debemos especificar en el cuadro 2 quien es el cliente típico o cliente meta de nuestro producto. En la siguiente figura vemos el cuadro 2 con la información correspondiente.

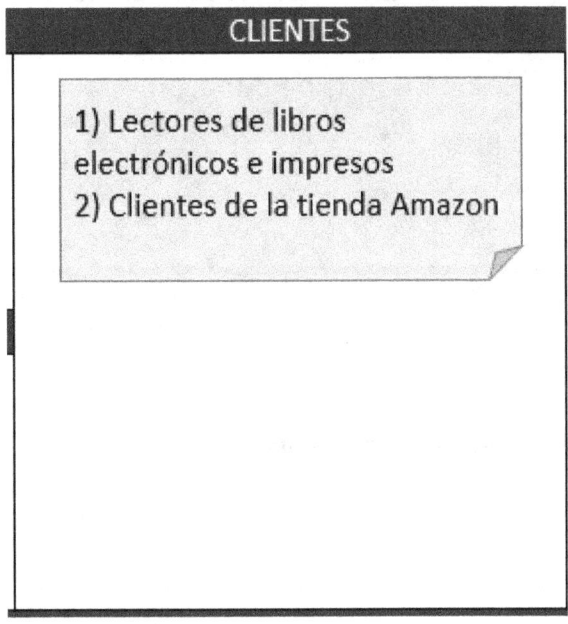

Figura 1.4 Cuadro del cliente

El cliente típico de nuestros libros son los lectores de libros impresos y electrónicos, y los clientes actuales que acostumbran comprar en la tienda Amazon (www.amazon.com)

Cuadro 3: Los canales de venta

Ahora vamos al cuadro 3 donde se describen los canales de venta o distribución en los cuales el cliente puede adquirir nuestros libros.

Figura 1.5 Cuadro de canales de venta

En nuestro ejemplo, el único canal de venta es la tienda de libros de Amazon.

Cuadro 4: La relación con el cliente

En este cuadro se escriben los pasos que el cliente hace para comprar nuestro producto, es como una historia breve de su experiencia de compra.

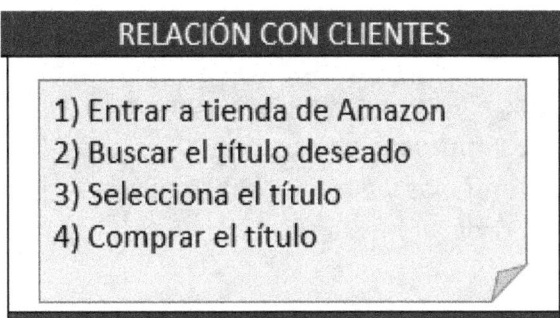

Figura 1.6 Cuadro de relación con el cliente

En este cuadro vemos que el cliente tiene que realizar 4 pasos para comprar nuestros libros:

1. Entrar a la tienda en línea de Amazon
2. Buscar el título que el cliente desea
3. Seleccionar el título
4. Pagar el libro

Cuadro 5: Fuentes de ingreso

En este cuadro describimos cuantas y cuáles son las fuentes de ingreso que el negocio de libros genera.

FUENTES DE INGRESOS

1) Libros electrónicos en Amazon
2) Libros impresos en Amazon
3) Conferencias y eventos sobre temas incluidos en los libros

Figura 1.7 Cuadro de Fuentes de ingreso

En este ejemplo los ingresos se dan por la venta de libros en Amazon y por las conferencias y eventos donde se promocionan los libros.

Cuadro 6: Recursos clave

En este cuadro se colocan los recursos clave de tu negocio sin los cuales no sería posible adquirir, construir y distribuir tu producto.

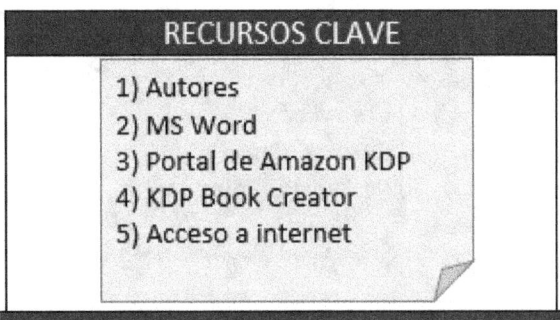

Figura 1.8 Recursos clave

Como se puede ver en la figura anterior, los recursos clave son:

- Los autores de libros
- El software de Microsoft Word
- El portal de Amazon Kindle Direct Publishing (KDP)
- El software de KDP Book Creator
- El servicio de acceso a internet

Cuadro 7: Actividades clave

En este cuadro se colocan las actividades principales sin las cuales no sería posible vender los libros al cliente.

Figura 1.9 Actividades clave

Las actividades clave son:

- Crear los libros
- Publicar los libros
- Promocionar los libros

Cuadro 8: Socios clave

En este cuadro mencionas quienes son tus proveedores clave o tus socios estratégicos son los cuales no podrías vender tu producto.

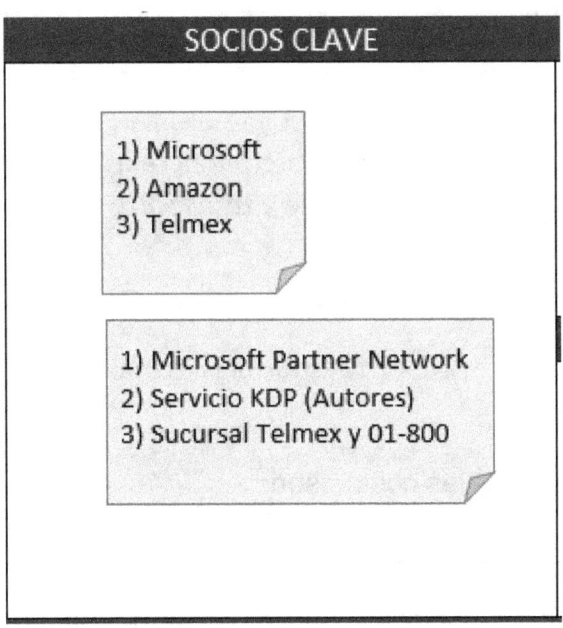

Figura 1.10 Socios clave

Aquí vemos que los socios clave para la venta de libros son:

- Microsoft
- Amazon
- Telmex

Microsoft por el software Word con el que se hace el original en formato .docx y la conversión a PDF.

Amazon por ser nuestro canal de venta, a través del portal de Amazon KDP donde los autores suben sus obras.

Telmex por ser nuestro proveedor de telefonía y servicios de internet.

Cuadro 9: Estructura de Costos

En este cuadro explicamos los gastos o inversiones más importantes para mantener al negocio trabajando y vendiendo los libros.

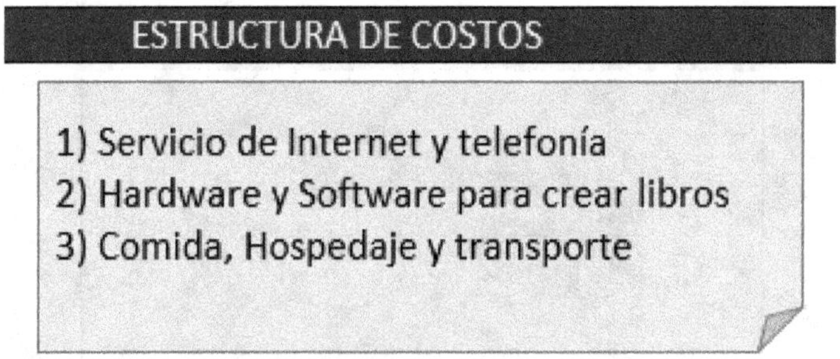

ESTRUCTURA DE COSTOS

1) Servicio de Internet y telefonía
2) Hardware y Software para crear libros
3) Comida, Hospedaje y transporte

Figura 1.11 Estructura de costos

Aquí vemos que los principales costos son:

- El servicio de internet y telefonía
- Equipo de cómputo y software necesario para crear libros
- Hospedaje, comida y transporte

Resultado final

Al final tendremos un CANVAS como el mostrado a continuación, mostrando todo el concepto general de nuestro negocio.

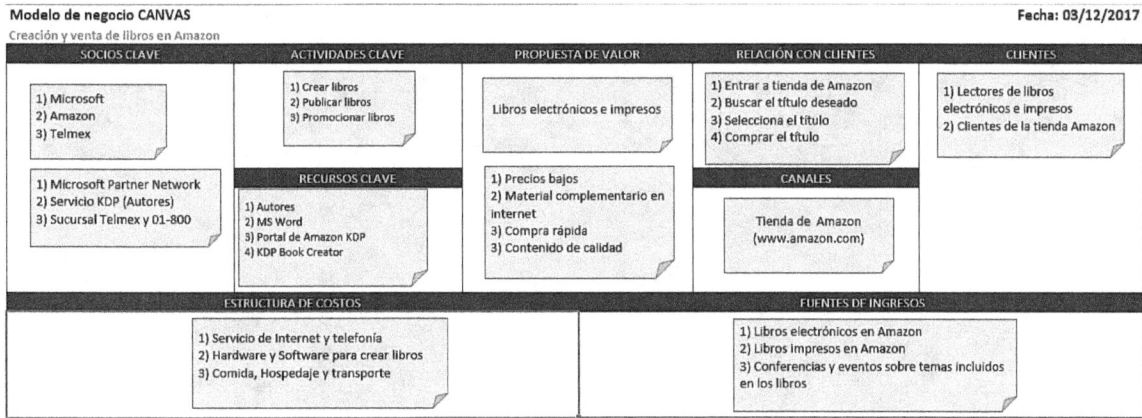

Figura 1.12 CANVAS Completo

¡Ahora ya sabes cómo crear un modelo de negocios usando el CANVAS, felicidades!

Nota: En este libro decidí usar figuras que representan notas auto-adheribles, pero si en su lugar deseas escribir los conceptos directamente en el espacio en blanco de los cuadros, también es correcto.

1) PRODUCTO	2) ATRIBUTOS DE VALOR	3) COMPETIDORES	4) GANANCIA
¿Qué es tu producto o servicio?	¿Cuáles son los atributos que hacen vender tus productos?	¿Quién es tu competidor directo y los productos sustitutos?	¿Cuál es la ganancia de tu producto o servicio?
1	2	3	4
5) CLIENTE	**6) CANALES DE VENTA**	**7) RELACIÓN CON EL CLIENTE**	**8) FUENTES DE INGRESOS**
¿Quiénes son tus clientes meta?	¿Cuáles son los canales de distribución de los productos?	¿Cómo se da la relación con el cliente?	¿Cuáles son tus fuentes de ingreso?
5	6	7	8
9) SOCIOS CLAVE	**10) RECURSOS CLAVE**	**11) ACTIVIDADES CLAVE**	**12) ESTRUCTURA DE COSTOS**
¿Cuáles son tus socios y proveedores clave?	¿Cuáles son tus recursos (internos) que construyen y entregan el producto?	¿Cuáles son tus actividades clave para adquirir, construir y entregar el producto?	¿Cuáles son tus elementos de costo?
9	10	11	12

Capítulo 2: ¿Por qué proponer un nuevo CANVAS para modelo de negocios?

En este capítulo te explicaré porque considero necesario proponer este nuevo diseño para modelo de negocios.

Mi experiencia en Reto Zapopan

Al momento de escribir este libro ya tenía 5 años de experiencia como consultor de nuevos negocios y negocios en etapa de crecimiento, principalmente en el programa llamado Reto Zapopan.

El reto Zapopan es un programa creado por el gobierno municipal del ayuntamiento de Zapopan para ayudar a nuevos negocios y negocios existentes a crecer y expandirse.

Figura 2.1 Imagen de la convocatoria Reto Zapopan 2017

Reto Zapopan publica las bases para entrar a su programa de emprendedores donde se inscriben cientos de equipos emprendedores, los cuales llenan un formato con los datos de su negocio y producto o su idea de negocio. Después son evaluados por un grupo de jueces donde se elimina a los equipos que no cumplen con los requisitos como son la innovación o una idea clara del producto a desarrollar, para que sólo queden entre 50 y 60 equipos que serán asesorados por un grupo de consultores profesionales para desarrollar su portafolio de negocio y que hagan realidad la fabricación y venta de su producto o la presentación a inversionistas que puedan aportar el capital para impulsar estos negocios incipientes.

El modelo CANVAS

El modelo CANVAS, mostrado en la figura 2.2, permite que en relativamente poco espacio se pueda describir en que consiste un negocio o idea de negocio.

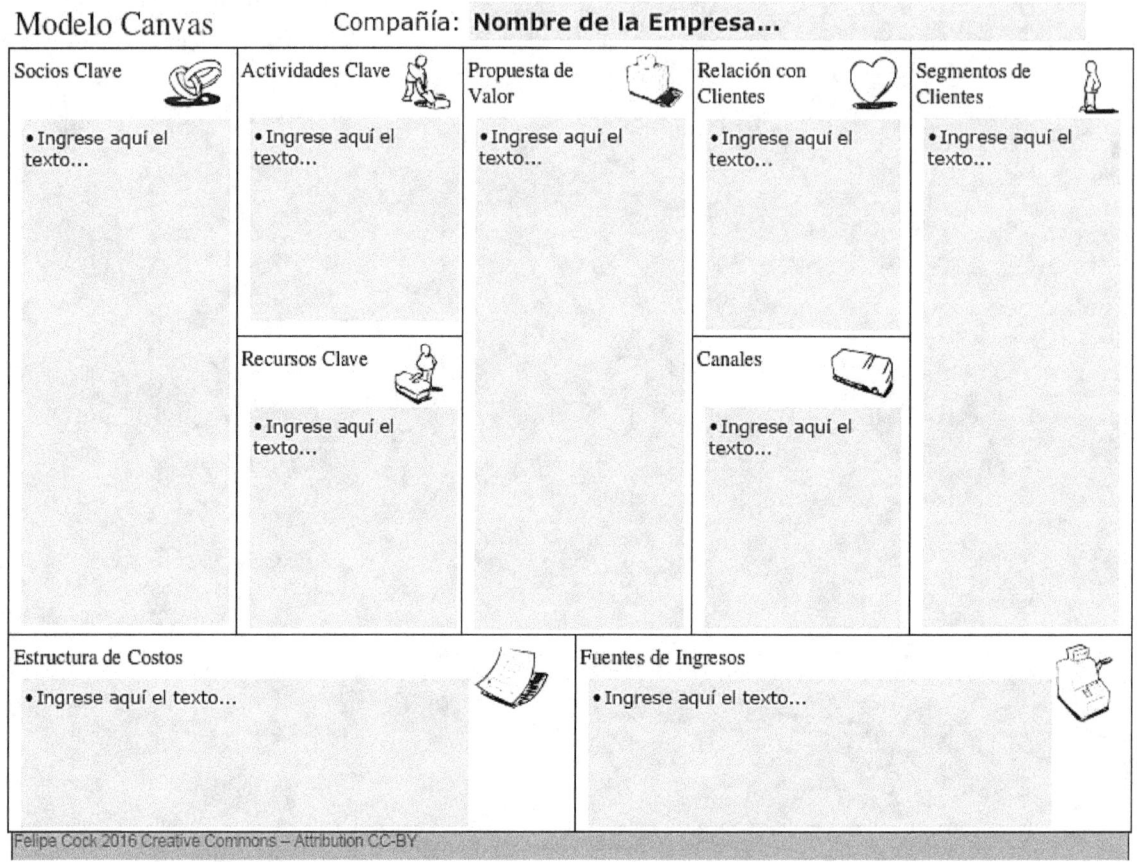

Figura 2.2 Modelo CANVAS con atribución Creative Commons CC-BY de Felipe Cock

Las ventajas del modelo CANVAS es que puedes especificar en una hoja la siguiente información:

- Quien es tu cliente o tu perfil de cliente a quien va dirigido tu producto.
- Las características que el cliente valora en tu producto.
- Los canales de venta de tu producto

- La relación con tu cliente, es decir, descripciones breves de como tú y el cliente inter-actúan para lograr una venta
- Las fuentes de ingreso, es decir los conceptos por los cuales ingresa o ingresará dinero a tu negocio
- Tus socios clave
- Tus recursos clave del negocio que transforman los insumos de socios y proveedores en tu producto
- Tus actividades clave, son las actividades de adquisición, producción, venta y envío del producto desde tu negocio
- La estructura de costos de tu negocio

Con toda esta información, es fácil ver porque se hizo tan extendido el uso de CANVAS como un modelo gráfico mundial para representar cualquier tipo de negocio en poco espacio.

De hecho, para algunas personas, es difícil pensar que haya algo que le falte al modelo CANVAS, pero en los siguientes párrafos te comentare en mi opinión, porque hacerle modificaciones y proponer un nuevo modelo como un CANVAS extendido o ampliado al que llamaré CANVAS-X.

Lo que le falta al CANVAS

En mi participación en reto Zapopan, fue donde en la práctica, al momento de ayudar a los grupos de emprendedores a formar su portafolio de negocio, empecé a notar algunos huecos en el modelo de CANVAS clásico que comentaré a continuación.

La definición del producto

La primera pista de que algo faltaba en el modelo CANVAS era que al no existir un cuadro para describir el producto o servicio que el negocio fabricaba o distribuía, los consultores y después los jueces siempre tenían que preguntar, ¿Qué es lo que piensas vender exactamente?

Es cierto que existe un cuadro para colocar la propuesta de valor, pero como se recomienda colocar ahí sólo los atributos o características por las que el cliente está dispuesto a pagar y que hace que te prefiera a ti en lugar de seleccionar otro producto, a veces no se colocan los demás atributos, esto ocasiona confusión para saber lo que es exactamente el producto.

Los competidores

Otro punto de mejora es que en ningún cuadro se mostraba quien es tu competencia, es decir, cuáles son los competidores actuales del mercado (y seguramente los líderes) contra los que debes competir para entrar al mercado que te interesa. Además de los competidores directos es importante considerar los productos sustitutos que los clientes pueden preferir antes de seleccionar tu producto.

El diseño

Los "saltos" en los cuadros de CANVAS necesarios de acuerdo con su diseño, hacen que no se tenga un aspecto lineal continuo para seguir la pista hasta que te aprendes el modelo.

Ausencia de notas

Al no tener notas sobre el contenido de cada cuadro, necesitas que alguien te explique el modelo para saber exactamente que colocar en cada lugar.

Conclusión

Por las razones expuestas anteriormente, es que sugiero y propongo un nuevo modelo que cuente con los puntos que ya tiene el CANVAS clásico agregando los puntos que le faltan.

1) PRODUCTO	2) ATRIBUTOS DE VALOR	3) COMPETIDORES	4) GANANCIA
¿Qué es tu producto o servicio?	¿Cuáles son los atributos que hacen vender tus productos?	¿Quién es tu competidor directo y los productos sustitutos?	¿Cuál es la ganancia de tu producto o servicio?
1	2	3	4
5) CLIENTE	**6) CANALES DE VENTA**	**7) RELACIÓN CON EL CLIENTE**	**8) FUENTES DE INGRESOS**
¿Quiénes son tus clientes meta?	¿Cuáles son los canales de distribución de los productos?	¿Cómo se da la relación con el cliente?	¿Cuáles son tus fuentes de ingreso?
5	6	7	8
9) SOCIOS CLAVE	**10) RECURSOS CLAVE**	**11) ACTIVIDADES CLAVE**	**12) ESTRUCTURA DE COSTOS**
¿Cuáles son tus socios y proveedores clave?	¿Cuáles son tus recursos (internos) que construyen y entregan el producto?	¿Cuáles son tus actividades clave para adquirir, construir y entregar el producto?	¿Cuáles son tus elementos de costo?
9	10	11	12

Capítulo 3: El modelo CANVAS-X

En este capítulo te presento la estructura del modelo CANVAS extendido o CANVAS-X.

¿Cómo se ve el modelo CANVAS-X?

El modelo CANVAS-X está formado por 12 cuadros agrupados con varias secciones. A continuación, te muestro el diseño completo.

Figura 3.1 Diseño CANVAS-X

El contenido de cada cuadro numerado es el siguiente:

1. Producto o servicio
2. Diferenciador de valor o atributos de valor
3. Competidores y sustitutos
4. Ganancia
5. Clientes
6. Canales de venta
7. Relación con Clientes
8. Fuente de ingresos
9. Socios clave
10. Recursos clave
11. Actividades clave
12. Fuente de egresos o estructura de costos

Las secciones y subsecciones del modelo CANVAS-X ofrecen información estratégica sobre tu negocio, esto se verá a continuación en la explicación de las secciones.

Nota: Los números en los cuadros indican la secuencia recomendada (no obligada) de llenar el modelo de negocios.

Las secciones de CANVAS-X

El modelo está dividido en 3 secciones principales que muestran los aspectos relacionados al producto, a la cadena de entrega o compra y a la cadena de producción del negocio. Estas secciones se muestran a continuación.

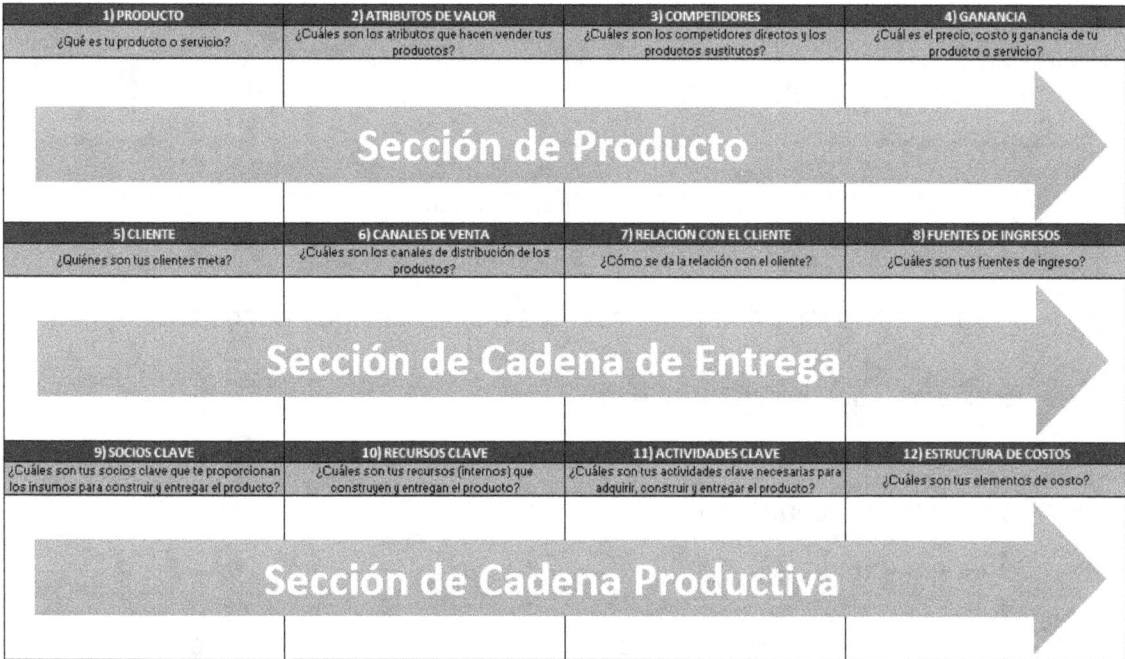

1) PRODUCTO	2) ATRIBUTOS DE VALOR	3) COMPETIDORES	4) GANANCIA
¿Qué es tu producto o servicio?	¿Cuáles son los atributos que hacen vender tus productos?	¿Cuáles son los competidores directos y los productos sustitutos?	¿Cuál es el precio, costo y ganancia de tu producto o servicio?

Sección de Producto

5) CLIENTE	6) CANALES DE VENTA	7) RELACIÓN CON EL CLIENTE	8) FUENTES DE INGRESOS
¿Quiénes son tus clientes meta?	¿Cuáles son los canales de distribución de los productos?	¿Cómo se da la relación con el cliente?	¿Cuáles son tus fuentes de ingreso?

Sección de Cadena de Entrega

9) SOCIOS CLAVE	10) RECURSOS CLAVE	11) ACTIVIDADES CLAVE	12) ESTRUCTURA DE COSTOS
¿Cuáles son tus socios clave que te proporcionan los insumos para construir y entregar el producto?	¿Cuáles son tus recursos (internos) que construyen y entregan el producto?	¿Cuáles son tus actividades clave necesarias para adquirir, construir y entregar el producto?	¿Cuáles son tus elementos de costo?

Sección de Cadena Productiva

Figura 3.2 Secciones principales del CANVAS-X

A continuación, veremos las 3 secciones con más detalle.

La sección del producto

La sección de producto es la franja o sección superior como se muestra en la siguiente figura.

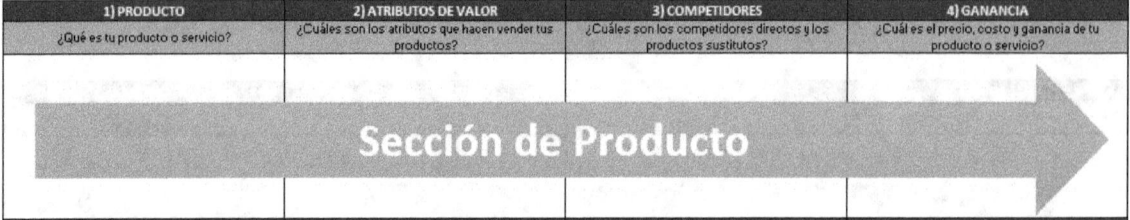

1) PRODUCTO	2) ATRIBUTOS DE VALOR	3) COMPETIDORES	4) GANANCIA
¿Qué es tu producto o servicio?	¿Cuáles son los atributos que hacen vender tus productos?	¿Cuáles son los competidores directos y los productos sustitutos?	¿Cuál es el precio, costo y ganancia de tu producto o servicio?

Figura 3.3 Sección de producto

Esta sección muestra los primeros 4 cuadros del modelo que contienen:

- Descripción del producto (cuadro 1)
- Atributos de valor (cuadro 2)
- Competidores (cuadro 3)
- Ganancia (cuadro 4)

Veamos qué información debes colocar en cada cuadro de esta sección.

Cuadro 1: Descripción del producto

En el cuadro 1, tienes espacio para describir tu producto o servicio de forma breve y clara para que cualquier persona entienda de que se trata tu producto.

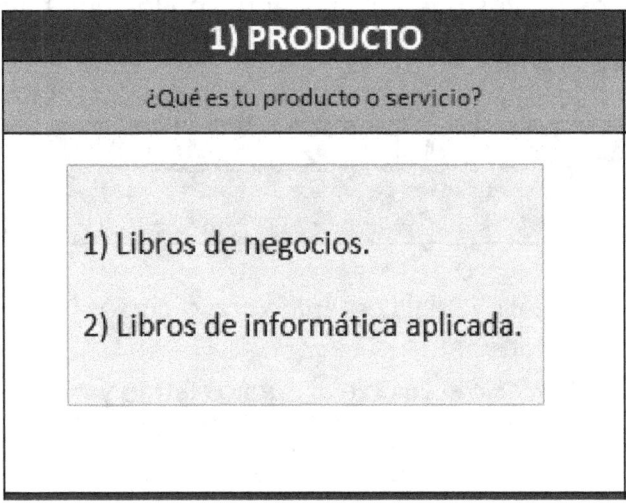

Figura 3.4 Ejemplo de cuadro de producto

En la figura anterior se muestra cómo se llena este cuadro con información sobre libros de negocios y libros informáticos.

Nota: Este cuadro, es nuevo en relación al CANVAS clásico, aunque en su ausencia muchos autores colocan la información completa del producto en el cuadro 1 del CANVAS clásico

Cuadro 2: Atributos de valor

En el cuadro 2, tienes el espacio para especificar los atributos o cualidades que tu producto tiene, que lo hacen diferente y mejor que la competencia a los ojos del mercado o cliente. Los puntos que colocas aquí son los que hacen que tu producto sea atractivo para los clientes.

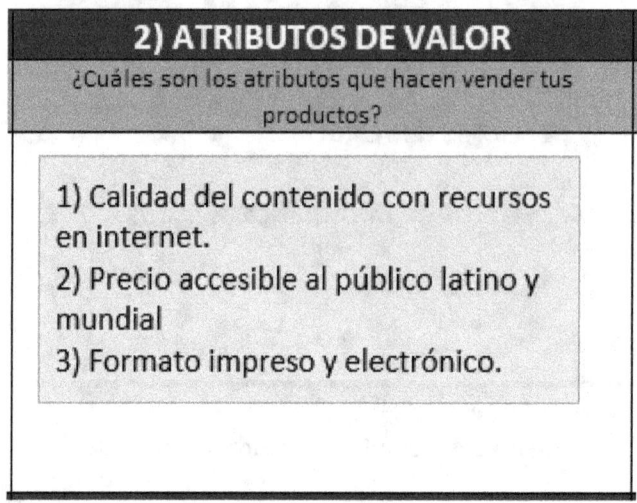

Figura 3.5 Ejemplo de cuadro 2 con atributos de valor

En la figura anterior se describen que los atributos de valor para los libros del cuadro 1 son:

- Calidad en el contenido del libro
- Recursos disponibles en internet relacionados al libro
- Precio accesible para los lectores latinos y mundiales
- Formato impreso y electrónico según el gusto del cliente

Nota: Este cuadro es similar al cuadro 1 del CANVAS clásico.

Cuadro 3: Competidores

En el cuadro 3, tienes espacio para mencionar quienes o cuales son los nombres de los productos competidores de tu producto. También puedes mencionar los productos sustitutos que podrían preferir tus clientes en lugar de seleccionar tu producto.

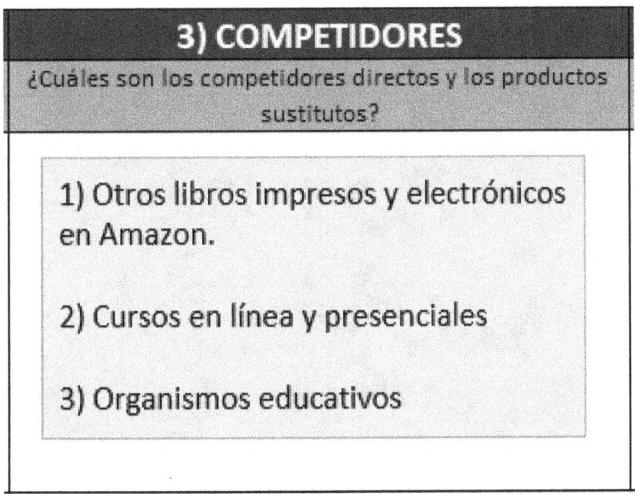

Figura 3.6 Competidores

En la figura anterior se ve que nuestra competencia está formada por:

- Otros libros impresos y electrónicos en la tienda de Amazon
- Cursos en línea (en internet)
- Cursos presenciales (con el maestro enfrente de ti)
- Organismos educativos como escuelas y universidades

Nota: Este cuadro es nuevo en relación con el CANVAS clásico. Muchos autores deciden omitirlo o colocarlos en un anexo fuera del CANVAS clásico.

En mi opinión, considero que es muy importante conocer quien es tu competidor para evaluar la probabilidad de éxito que tu producto tiene considerando las siguientes características tuyas y de tus competidores:

- Cuota de mercado de cada competidor

- Precio de los productos competidores
- Atributos de valor de los competidores

Cuadro 4: Ganancia

Este cuadro es nuevo en relación con el CANVAS clásico, aquí se coloca el costo unitario de cada producto o servicio, su precio de venta y la ganancia por unidad vendida. También se puede mencionar o mostrar aquí el punto de equilibrio, aunque se puede estimar con los datos anteriores.

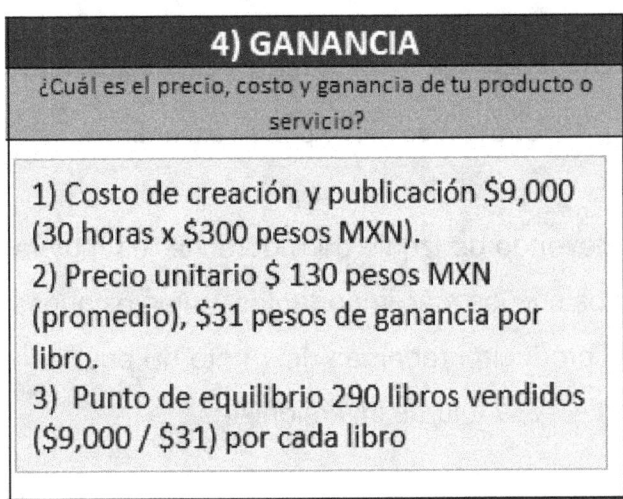

Figura 3.7 Ganancia

En la figura anterior se muestra las cifras relacionadas a:

- Costo por unidad
- Precio por unidad
- Ganancia (bruta o neta) por unidad
- Punto de equilibrio del producto

Nota: En el modelo CANVAS clásico, algunos autores colocan esta información en el cuadro 9 de estructura de costos.

Resultado de la sección de producto

Al terminar esta sección tenemos el siguiente resultado.

1) PRODUCTO	2) ATRIBUTOS DE VALOR	3) COMPETIDORES	4) GANANCIA
¿Qué es tu producto o servicio?	¿Cuáles son los atributos que hacen vender tus productos?	¿Cuáles son los competidores directos y los productos sustitutos?	¿Cuál es el precio, costo y ganancia de tu producto o servicio?
1) Libros de negocios. 2) Libros de informática aplicada.	1) Calidad del contenido con recursos en internet. 2) Precio accesible al público latino y mundial 3) Formato impreso y electrónico.	1) Otros libros impresos y electrónicos en Amazon. 2) Cursos en línea y presenciales 3) Organismos educativos	1) Costo de creación y publicación $9,000 (30 horas x $300 pesos MXN). 2) Precio unitario $ 130 pesos MXN (promedio), $31 pesos de ganancia por libro. 3) Punto de equilibrio 290 libros vendidos ($9,000 / $31) por cada libro

Figura 3.8 Sección de producto terminada.

En la figura anterior leyendo de izquierda a derecha, es muy fácil saber cuál es el producto, que atributos son los más importantes, quien es nuestra competencia y la ganancia por unidad producida (además del punto de equilibrio), esta información es muy valiosa para ti y para futuros inversionistas.

La sección de cadena de venta o entrega

Esta sección consta de 4 cuadros y muestra la información de quien es tu cliente, donde te compra, como te compra y cuáles son las fuentes de ingreso que tienes relacionados a tu producto o servicio.

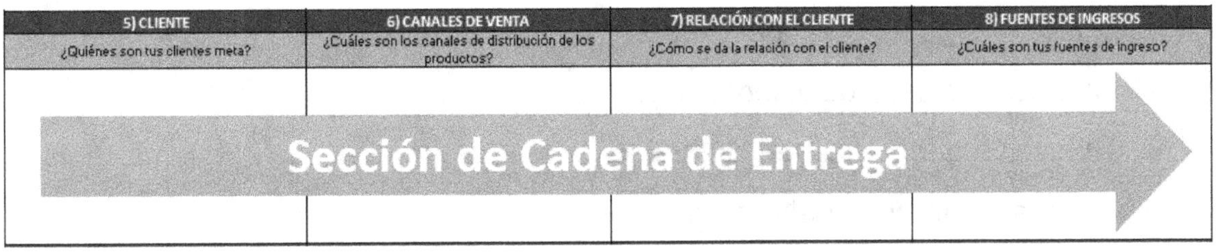

5) CLIENTE	6) CANALES DE VENTA	7) RELACIÓN CON EL CLIENTE	8) FUENTES DE INGRESOS
¿Quiénes son tus clientes meta?	¿Cuáles son los canales de distribución de los productos?	¿Cómo se da la relación con el cliente?	¿Cuáles son tus fuentes de ingreso?
	Sección de Cadena de Entrega		

Figura 3.9 Sección de la cadena de entrega

Veamos a continuación lo que debes colocar en cada cuadro de esta sección.

Cuadro 5: Cliente

En este cuadro describes quien es tu cliente típico o cliente meta, puedes ser tan simple como una descripción de una línea o poder especificar los siguientes datos:

- Género del cliente (hombre o mujer)
- Edad o rango de edad del cliente
- Nivel de ingresos del cliente
- Ubicación geográfica del cliente
- Gustos e intereses del cliente

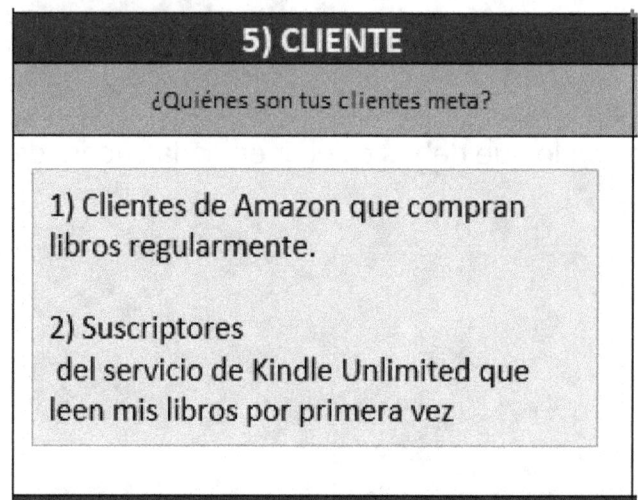

Figura 3.10 Cuadro de cliente

En la figura anterior se ve que nuestros clientes son:

- Clientes de la tienda Amazon que compran libros regularmente.
- Suscriptores al servicio de Kindle Unlimited (KU) que leen nuestros libros por primera vez.

El servicio de Kindle Unlimited cobra una cuota a los lectores y abona una cantidad a los autores de libros cuando un suscriptor lee uno de sus libros por primera vez.

Nota: Este cuadro contienen la misma información que se coloca en el cuadro 2 del CANVAS clásico.

Cuadro 6: Canales de venta

En este cuadro describes cuáles son tus canales de venta. En caso de que tengas varios canales de venta anota un punto diferente por cada uno.

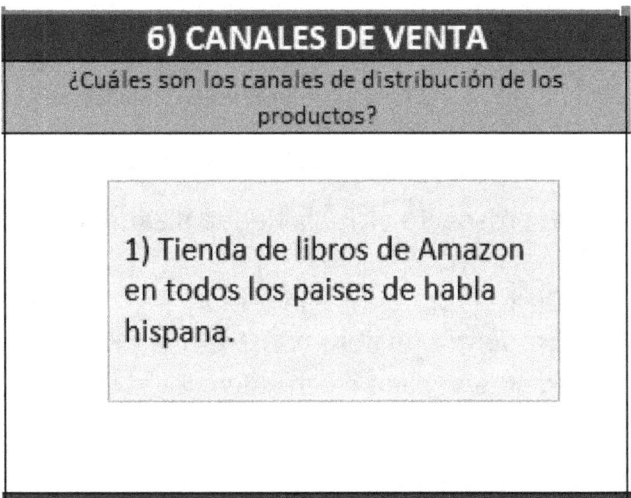

Figura 3.11 Cuadro de canales de venta

En la figura anterior se ve que el único canal de venta de nuestros libros es la tienda en línea de libros en Amazon, ya sea en los estados unidos de américa (USA) o en cada país donde Amazon tenga presencia.

Nota: Este cuadro contienen la misma información que se coloca en el cuadro 3 del CANVAS clásico.

Cuadro 7: Relación con el cliente

En este cuadro se describen los pasos que el cliente realiza para comprar nuestro servicio o producto.

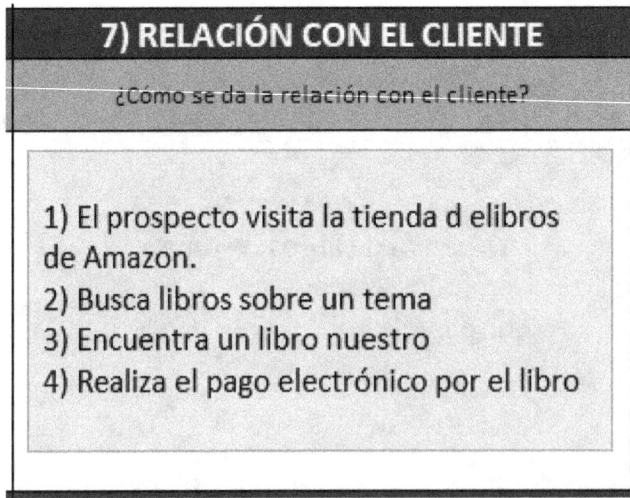

Figura 3.12 Cuadro de relación con el cliente

En la figura anterior se muestra que los clientes realizan 4 pasos para comprar nuestros libros.

Cuando lo creas conveniente puedes anotar en este cuadro otros momentos de contacto entre el cliente y tu negocio como cuando realiza una queja, comentario o pide soporte técnico por alguna razón.

Nota: La información de este cuadro es similar a la colocada en el cuadro 4 del CANVAS clásico.

Cuadro 8: Fuentes de ingresos

En este cuadro describes todas las fuentes de ingreso que tienes relacionadas a la venta de tu producto o servicio en tu negocio.

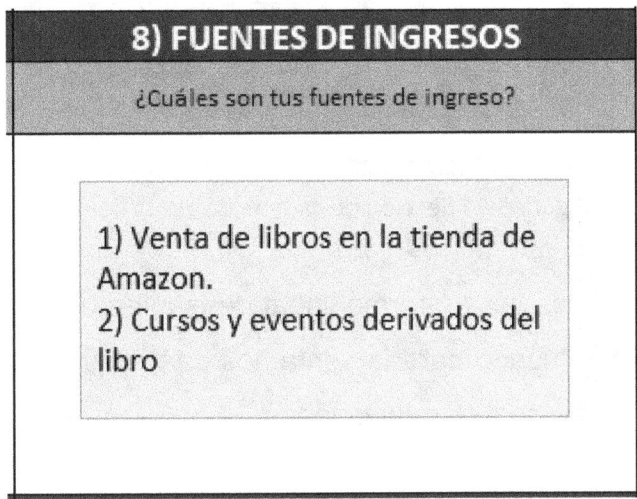

Figura 3.13 Cuadro 8, Fuentes de ingresos

En la figura anterior se ve que recibes ingresos por la venta de libros en la tienda de Amazon y por los cursos y eventos relacionados a los mismos libros.

Nota: El contenido de este cuadro es similar al cuadro 5 del CANVAS clásico.

Resultado de la sección de cadena de venta

Ahora tenemos el siguiente resultado.

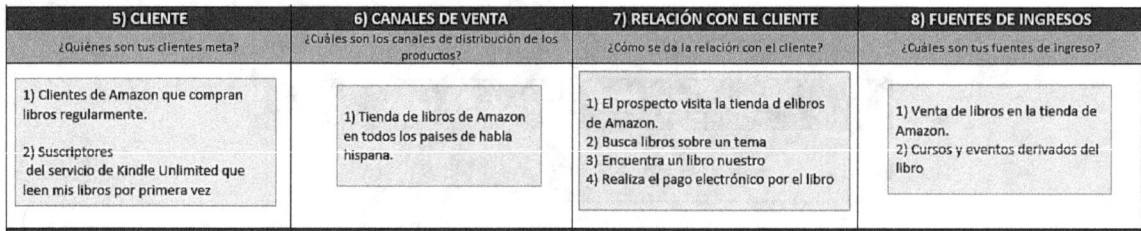

5) CLIENTE	6) CANALES DE VENTA	7) RELACIÓN CON EL CLIENTE	8) FUENTES DE INGRESOS
¿Quiénes son tus clientes meta?	¿Cuáles son los canales de distribución de los productos?	¿Cómo se da la relación con el cliente?	¿Cuáles son tus fuentes de ingreso?
1) Clientes de Amazon que compran libros regularmente. 2) Suscriptores del servicio de Kindle Unlimited que leen mis libros por primera vez	1) Tienda de libros de Amazon en todos los países de habla hispana.	1) El prospecto visita la tienda d elibros de Amazon. 2) Busca libros sobre un tema 3) Encuentra un libro nuestro 4) Realiza el pago electrónico por el libro	1) Venta de libros en la tienda de Amazon. 2) Cursos y eventos derivados del libro

Figura 3.14 Sección de cadena de venta llena.

En esta sección podemos ver en forma lineal de izquierda a derecha, quien es el cliente, cual es el canal usado para la venta, los pasos que realiza el cliente para comprar y las fuentes de ingreso relacionadas.

La sección de cadena productiva

Esta sección muestra información relacionada a tus proveedores, socios estratégicos, recursos internos del negocio y las actividades clave para fabricar y entregar el producto o servicio, incluye los costos de tus procesos.

Esta sección está formada por los cuadros de:

- Socios clave
- Recursos clave
- Actividades clave
- Estructura de Costos

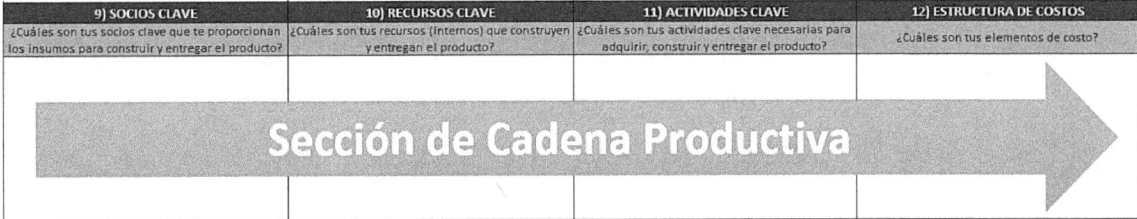

Figura 3.15 Sección de cadena de producción

Ahora veamos el contenido de cada cuadro de esta sección.

Cuadro 9: Socios clave

En este cuadro identificas los nombres de tus proveedores clave y tus socios clave (si es que los tienes) sin los cuales no podrías construir o entregar tu producto a tus clientes.

9) SOCIOS CLAVE

¿Cuáles son tus socios clave que te proporcionan los insumos para construir y entregar el producto?

Amazon, Microsoft, Telmex, Telcel, Linkedin, facebook, YouTube

Figura 3.16 Cuadro 9, Socios clave

En la figura anterior vemos que, para este ejemplo, los socios claves son:

- Amazon (por su tienda en línea donde se venden nuestros libros)
- Microsoft (por el software de Microsoft Word y PowerPoint con el que se crean los libros)
- Telmex y Telcel (por el acceso a internet y la telefonía para publicar promover los libros)
- Las redes sociales de Linkedin, Facebook (para la publicidad)
- La red de YouTube (para la promoción y como material de referencia)

Nota: El contenido de este cuadro es similar al cuadro 8 del CANVAS clásico.

Cuadro 10: Recursos clave

En este cuadro enlistas los recursos más valiosos al interior de tu negocio sin los cuales no podrías construir y entregar tu producto a los clientes.

Normalmente en este cuadro tienen una combinación de los siguientes elementos:

- Personas, colaboradores o puestos clave de tu negocio
- Maquinaria y equipo especializado para realizar tu operación
- Tecnología de información, software o servicios web críticos para tu operación

Figura 3.17 Cuadro 10 Recursos clave

En nuestro caso, los recursos claves para crear y vender los libros son:

- Los autores de libros
- Los diseñadores gráficos
- Los publicistas
- El community manager de las redes sociales
- El software de Microsoft Word
- El software de Amazon Kindle Book Creator

Nota: El contenido de este cuadro es similar al cuadro 6 del CANVAS clásico.

Cuadro 11: Actividades clave

Aquí se colocan las actividades más importantes que se realizan en tu negocio para entregar los productos a los clientes.

Las actividades que se realizan en todas las empresas como el pago de la nómina y el registro contable no forman parte de tus actividades clave a menos que tu negocio sea un despacho contable o de administración de recursos humanos, en cuyo caso si serían actividades clave.

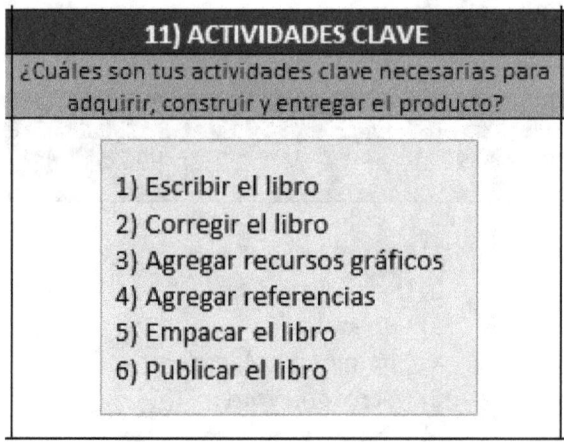

Figura 3.18 Cuadro 11 Actividades clave

Para este caso, las actividades clave son:

- Escribir los libros
- Corregir el contenido de los libros
- Agregar recursos gráficos a los libros
- Agregar referencias de contenido y material multimedia
- Empacar el libro electrónico en el formato adecuado para cargarlo al portal de Amazon
- Realizar el registro y publicación del libro en el portal de autores de Amazon (Amazon KDP)

Nota: El contenido de este cuadro es similar al cuadro 7 del CANVAS clásico.

Cuadro 12: Estructura de Costos

En este cuadro colocas los conceptos que forman tu estructura de costos por las actividades que realizan las personas en la operación normal del negocio.

El desglose del contenido puede ser tan resumido o desglosado como lo necesites o lo quieras mostrar.

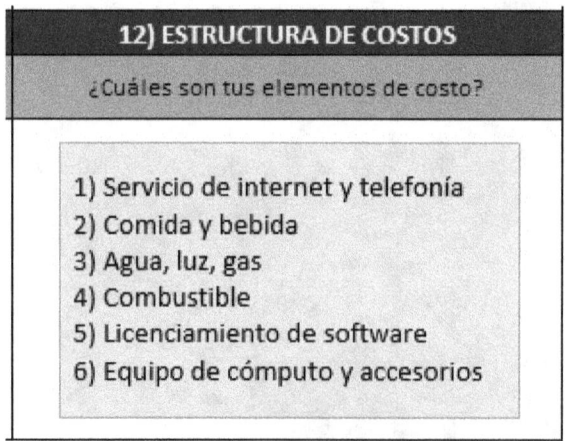

Figura 3.19 Costos

En la figura anterior, los costos están formados por:

- Servicios de internet y telefonía
- Comida y bebida
- Agua, luz, gas, transporte
- Combustibles y mantenimiento al automóvil
- Licenciamiento de software
- Equipo de cómputo y accesorios informáticos

Nota: El contenido de este cuadro es similar al del cuadro 9 del CANVAS clásico.

El resultado de la sección de cadena productiva

Ahora tenemos el siguiente resultado al completar la sección.

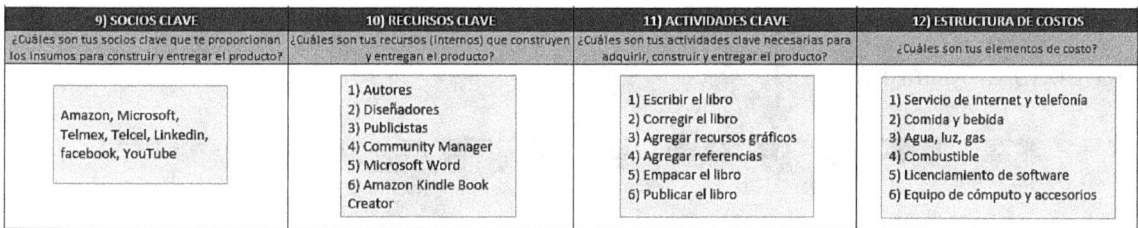

9) SOCIOS CLAVE	10) RECURSOS CLAVE	11) ACTIVIDADES CLAVE	12) ESTRUCTURA DE COSTOS
¿Cuáles son tus socios clave que te proporcionan los insumos para construir y entregar el producto?	¿Cuáles son tus recursos (internos) que construyen y entregan el producto?	¿Cuáles son tus actividades clave necesarias para adquirir, construir y entregar el producto?	¿Cuáles son tus elementos de costo?
Amazon, Microsoft, Telmex, Telcel, Linkedin, facebook, YouTube	1) Autores 2) Diseñadores 3) Publicistas 4) Community Manager 5) Microsoft Word 6) Amazon Kindle Book Creator	1) Escribir el libro 2) Corregir el libro 3) Agregar recursos gráficos 4) Agregar referencias 5) Empacar el libro 6) Publicar el libro	1) Servicio de internet y telefonía 2) Comida y bebida 3) Agua, luz, gas 4) Combustible 5) Licenciamiento de software 6) Equipo de cómputo y accesorios

Figura 3.20 Sección de cadena productiva llena.

En esta sección tenemos ya de izquierda a derecha, quien es nuestro proveedor o socio clave, los recursos clave de tu negocio, las actividades clave que se realizan y los costos de las actividades.

Las subsecciones

Para algunos consultores, el CANVAS-X puede ser dividido en sub-secciones, por ejemplo, en la siguiente figura, se aprecia las subsecciones de producto, cliente, proveedores y finanzas.

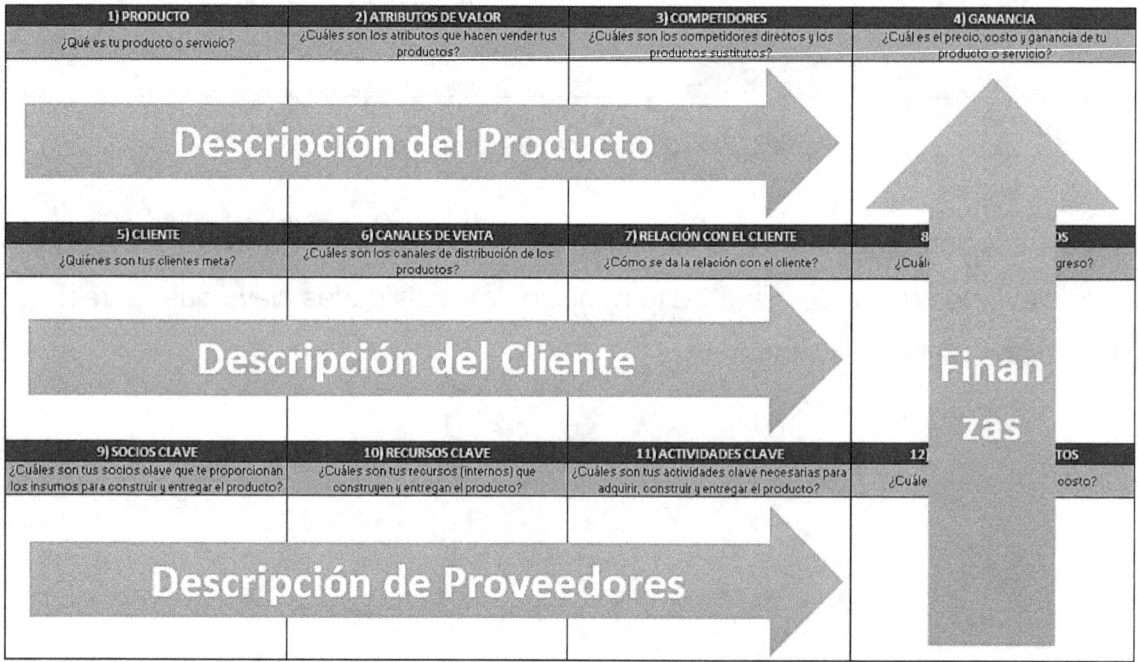

Figura 3.21 subsecciones principales

En la subsección de producto, el recuadro de competidores agrega información importante al modelo que no se muestra en CANVAS clásico.

Las subsecciones de cliente y proveedores muestran información importante que esta presenta tanto en CANVAS como en CANVAS-X.

La subsección de finanzas en CANVAS-X agrega el cuadro de ganancia donde se muestra un cuadro especial para hablar de la ganancia y punto de equilibrio que no existe en CANVAS clásico. El hecho de tener en una línea recta la información financiera en 3 cuadros le da una vista fácil para interpretar la viabilidad financiera del modelo de negocio, como se ve en la siguiente figura.

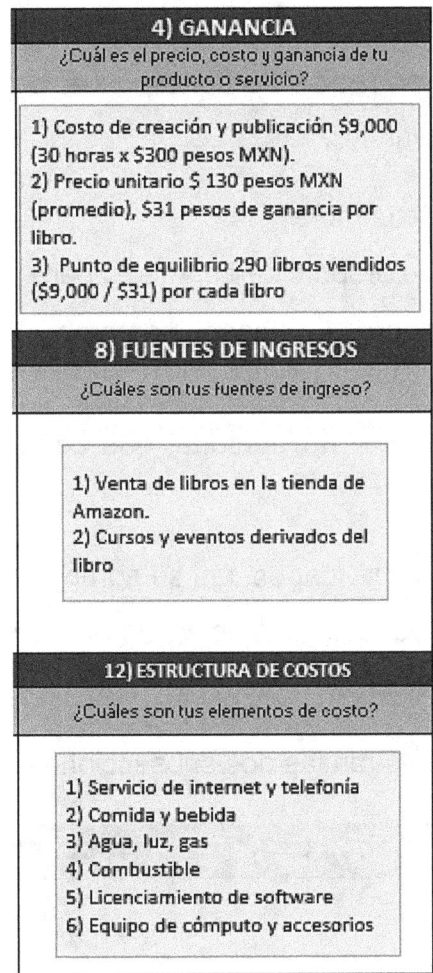

Figura 3.22 subsección financiera

Subsecciones de actores y actividades

Existen otras 2 subsecciones fáciles de ubicar visualmente, una es la subsección de actores donde se agrupan:

- Tus clientes (quien te compra)
- Tus canales (quien te proporciona el medio para vender)
- Tus socios y proveedores (a quienes compras los insumos para construir o vender tu producto)
- Tus colaboradores clave (tu personal que compra, transforma y envía tu producto).

La otra sub sección es la de actividades, ahí se agrupan las actividades que realiza el cliente para adquirir tu producto, y las actividades que se realizan al interior de tu negocio para elaborar tu producto.

En la siguiente figura se muestran las dos subsecciones.

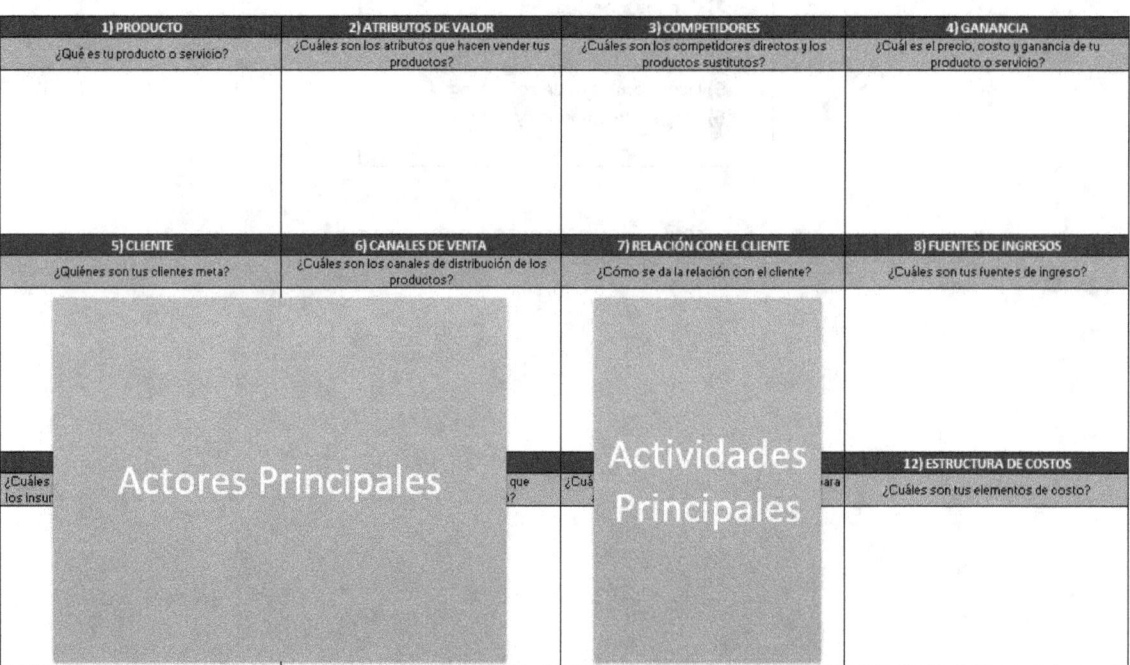

Figura 3.23 Subsecciones de actores y actividades

Nota: El canal se considera como un actor porque algunos negocios no comercializan sus productos ellos mismo, si no que utilizan a un canal establecido como las cadenas de farmacias o bodegas que existen en varios países.

Resultado final

Al terminar de llenar el CANVAS-X llegamos al resultado mostrado en la siguiente figura donde se resume gráficamente el concepto del negocio.

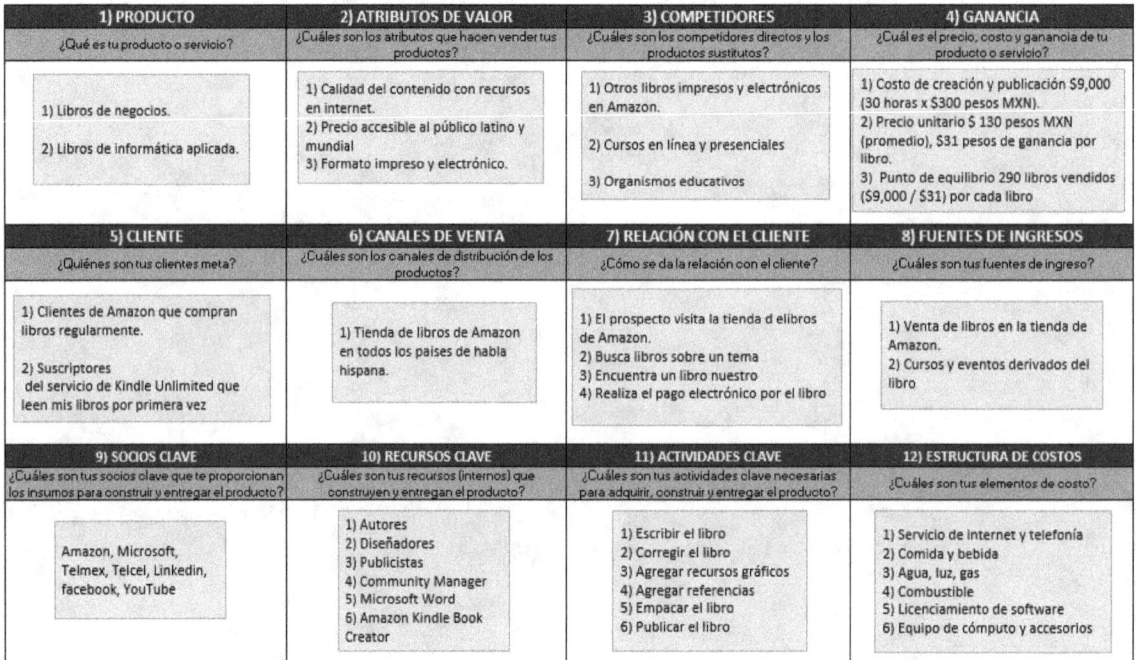

Figura 3.24 CANVAS-X terminado

Costo Mapeo entre los cuadros del CANVAS clásico y el CANVAS-X

Para establecer de forma clara un mapeo, es decir una "comparación" entre el contenido del CANVAS clásico y el CANVAS-X tenemos la siguiente tabla.

Cuadro en CANVAS-X	Cuadro en CANVAS clásico
1 Producto	
2 Atributos de valor	1 Propuesta de Valor
3 Competidores	
4 Ganancia	
5 Cliente	2 Cliente
6 Canales de venta	3 Canal de distribución
7 Relación con el cliente	4 Relación con el cliente
8 Fuentes de ingresos	5 Fuente de ingresos
9 Socios clave	8 Socios clave
10 Recursos clave	6 Recursos clave
11 Actividades clave	7 Actividades clave
12 Estructura de costos	9 Estructura de costos

Figura 3.24 Mapeo entre CANVAS-X y CANVAS clásico

Como se aprecia en el cuadro anterior en CANVAS-X tenemos 3 cuadros que no existen en CANVAS clásico y que por esta falta de "espacio" se omiten o se colocan en otros cuadros.

Conclusión

Las modificaciones hechas al CANVAS clásico para crear el CANVAS extendido o CANVAS-X son sutiles pero muy útiles ya que tanto la adición de 3 cuadros más, como el orden de 3 líneas que se puede leer más fácilmente de izquierda a derecha, ahorran tiempo y clarifican los conceptos para ser expuestos a otras personas dentro y fuera del negocio.

1) PRODUCTO	2) ATRIBUTOS DE VALOR	3) COMPETIDORES	4) GANANCIA
¿Qué es tu producto o servicio?	¿Cuáles son los atributos que hacen vender tus productos?	¿Quién es tu competidor directo y los productos sustitutos?	¿Cuál es la ganancia de tu producto o servicio?
1	2	3	4
5) CLIENTE	**6) CANALES DE VENTA**	**7) RELACIÓN CON EL CLIENTE**	**8) FUENTES DE INGRESOS**
¿Quiénes son tus clientes meta?	¿Cuáles son los canales de distribución de los productos?	¿Cómo se da la relación con el cliente?	¿Cuáles son tus fuentes de ingreso?
5	6	7	8
9) SOCIOS CLAVE	**10) RECURSOS CLAVE**	**11) ACTIVIDADES CLAVE**	**12) ESTRUCTURA DE COSTOS**
¿Cuáles son tus socios y proveedores clave?	¿Cuáles son tus recursos (internos) que construyen y entregan el producto?	¿Cuáles son tus actividades clave para adquirir, construir y entregar el producto?	¿Cuáles son tus elementos de costo?
9	10	11	12

Capítulo 4: Usos alternativos del CANVAS-X

En este capítulo, veremos otras formas en las que puedes utilizar el modelo CANVAS-X.

Secuencia de llenado alterna

Algunos compañeros consultores han encontrado útil el variar el orden que te propuse en los capítulos anteriores para llenar el modelo CANVAS-X y lo llenan en un orden diferente que a ellos les facilita el modelado de negocio.

Aplicaciones de software

Aunque el modelo puede trabajarse perfectamente en con lápiz y papel, cuando tenemos herramientas informáticas podemos utilizar vínculos o hipervínculos como los llama Microsoft. Por ejemplo, usando PowerPoint podemos crear una hoja como la mostrada en la siguiente figura, donde se muestra un CANVAS-X muy sencillo.

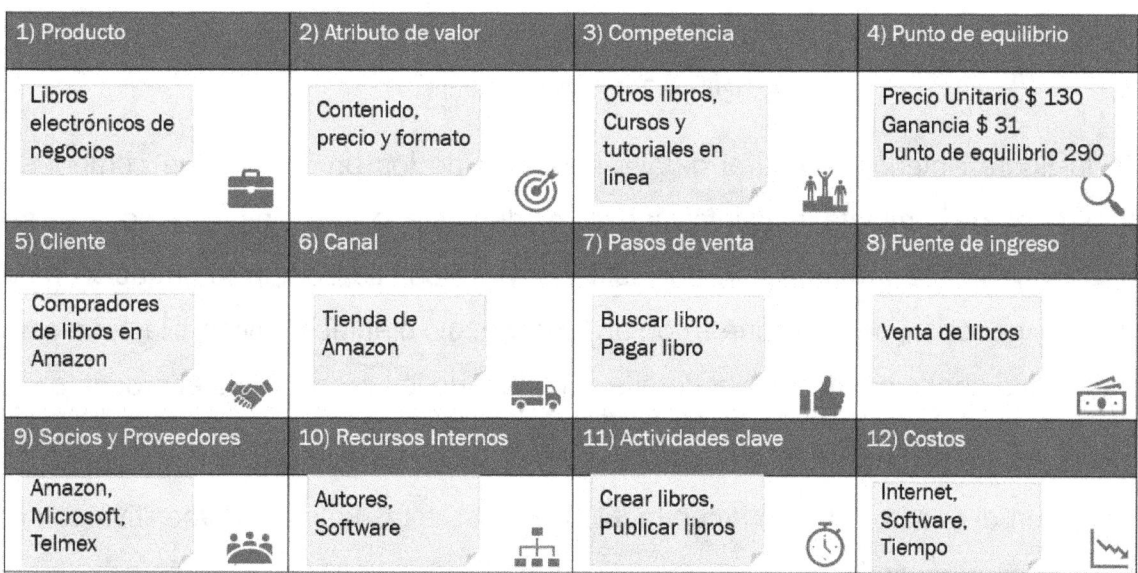

Figura 4.1 CANVAS-X sencillo con hipervínculos

Usando los hipervínculos para obtener más información de cada cuadro, podemos dar un clic sobre el icono de maletín ubicado en el cuadro 1 y entonces nos envía a una diapositiva con la siguiente información.

1) Producto

- Libros de negocios en formato electrónico e impreso

- Libros de informática aplicada en formato electrónico e impreso

- Libros de ciencia ficción en formato electrónico e impreso

- Libros de civilizaciones antiguas en formato electrónico e impreso

Figura 4.2 Detalle del producto

En la figura anterior vemos el detalle completo de los productos que componen nuestra oferta completa, esta información, es demasiado extensa para colocarse en el CANVAS-X de la figura 4.1, por esta razón se coloca sólo la información más básica y genérica, para después, con un hipervínculo o enlace enviar al lector a esta diapositiva donde se muestra el detalle completo de los productos o el producto.

De igual forma si volvemos al CANVAS-X de la figura 4.1 y presionamos el icono de costos en el cuadro 12, otro hipervínculo nos lleva a la siguiente diapositiva con el detalle completo de los costos necesarios para producir un libro electrónico.

12) Costos Mensuales

Concepto	Costo
Internet	$ 589
Licenciamiento de software	$417
Equipo y accesorios	$1,200
Combustible	$ 500
Tiempo del autor	$9,000
Total	$11,706

Figura 4.3 Detalle de los costos mensuales

Nuevamente vemos en la figura anterior un nivel de detalle que tal vez sea muy grande para mostrarla en un papel tamaño carta u otra hoja de menor tamaño, pero que, con el uso de hipervínculos, podemos tener en una o más diapositivas de apoyo para cada uno de los cuadros mostrados en el modelo CANVAS-X.

Formato vertical del CANVAS-X

En caso de que prefieras un formato vertical, ya sea por gusto o para aprovechar el espacio en una hoja tamaño carta o tamaño oficio, puedes usar un diseño de 4 filas por 3 columnas como en la siguiente figura.

Figura 4.4 Formato vertical para CANVAS-X

Con este formato un modelo de negocio se vería como la siguiente figura.

Figura 4.5 CANVAS-X vertical lleno.

En este formato vertical, las secciones quedan como se muestra en la siguiente figura.

Figura 4.6 Secciones del CANVAS-X en formato vertical.

Una ventaja de este modelo es que podría relacionarse después con un Balanced Scorecard© para una planeación estratégica, ya que al tener 4 secciones la sección de finanzas, cliente y operación se pueden empatar con las perspectivas financiera, cliente y procesos.

CANVAS-X formato circular

Otra forma muy útil de reflejar el CANVAS-X es usar el formato circular que se ve en la siguiente figura.

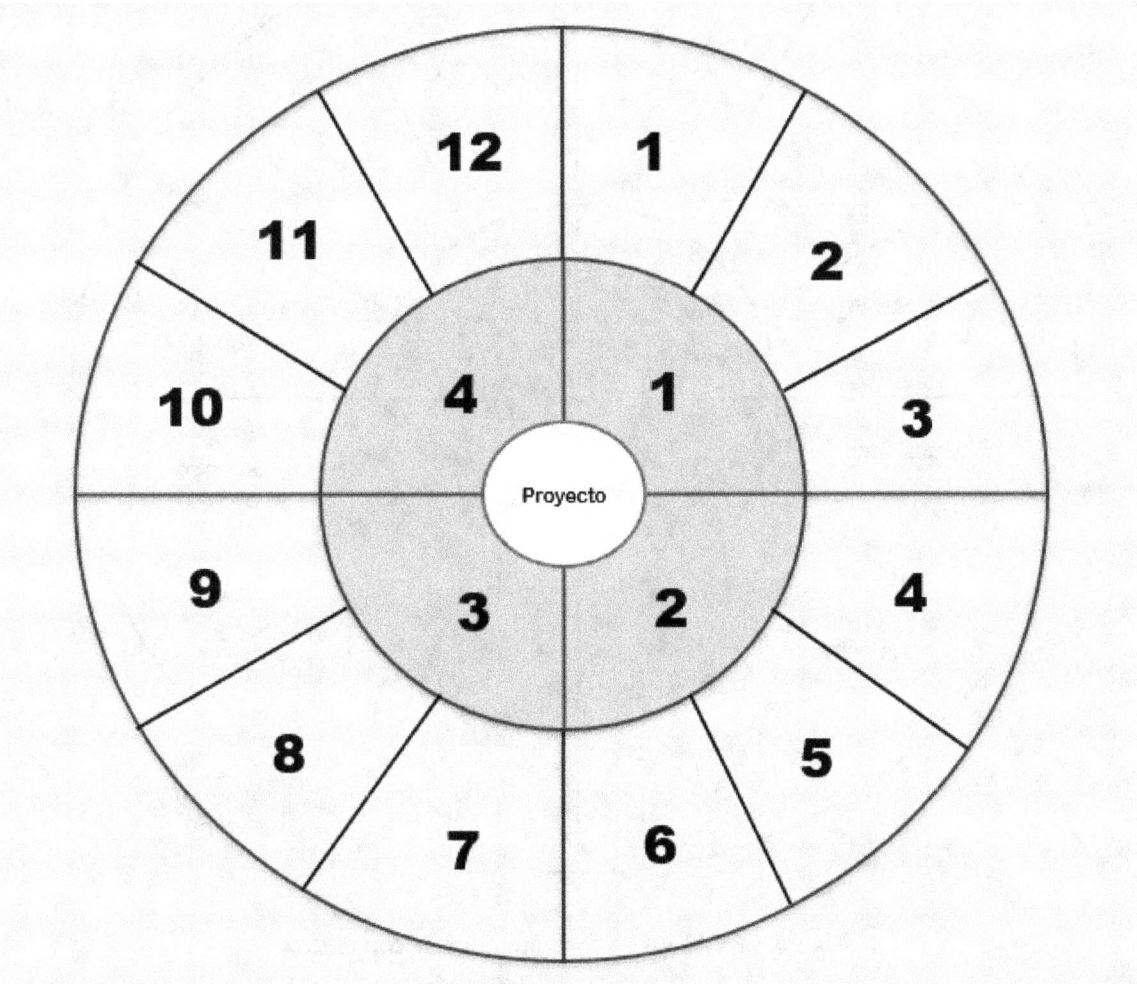

Figura 4.7 CANVAS-X en formato circular

Donde en el centro se coloca el nombre del proyecto o negocio, después en el segundo circulo se colocan las 4 áreas siguiente:

- Producto
- Cliente
- Operación
- Finanzas

En la siguiente figura se muestra el mismo diseño circular con los textos de ayuda para utilizarlo.

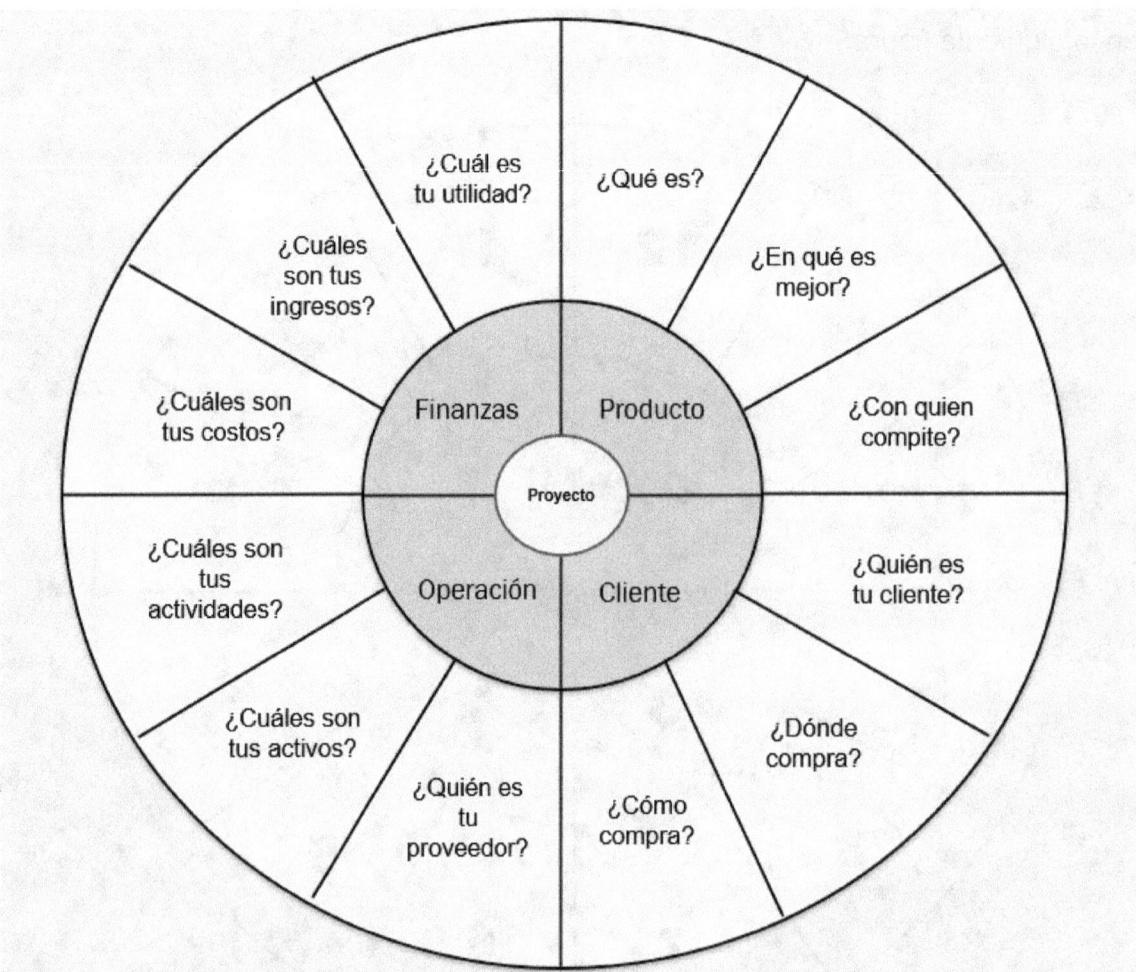

Figura 4.8 CANVAS-X formato circular con texto

A continuación, se muestra un ejemplo de formato circular con el ejemplo de venta de libros de los otros capítulos.

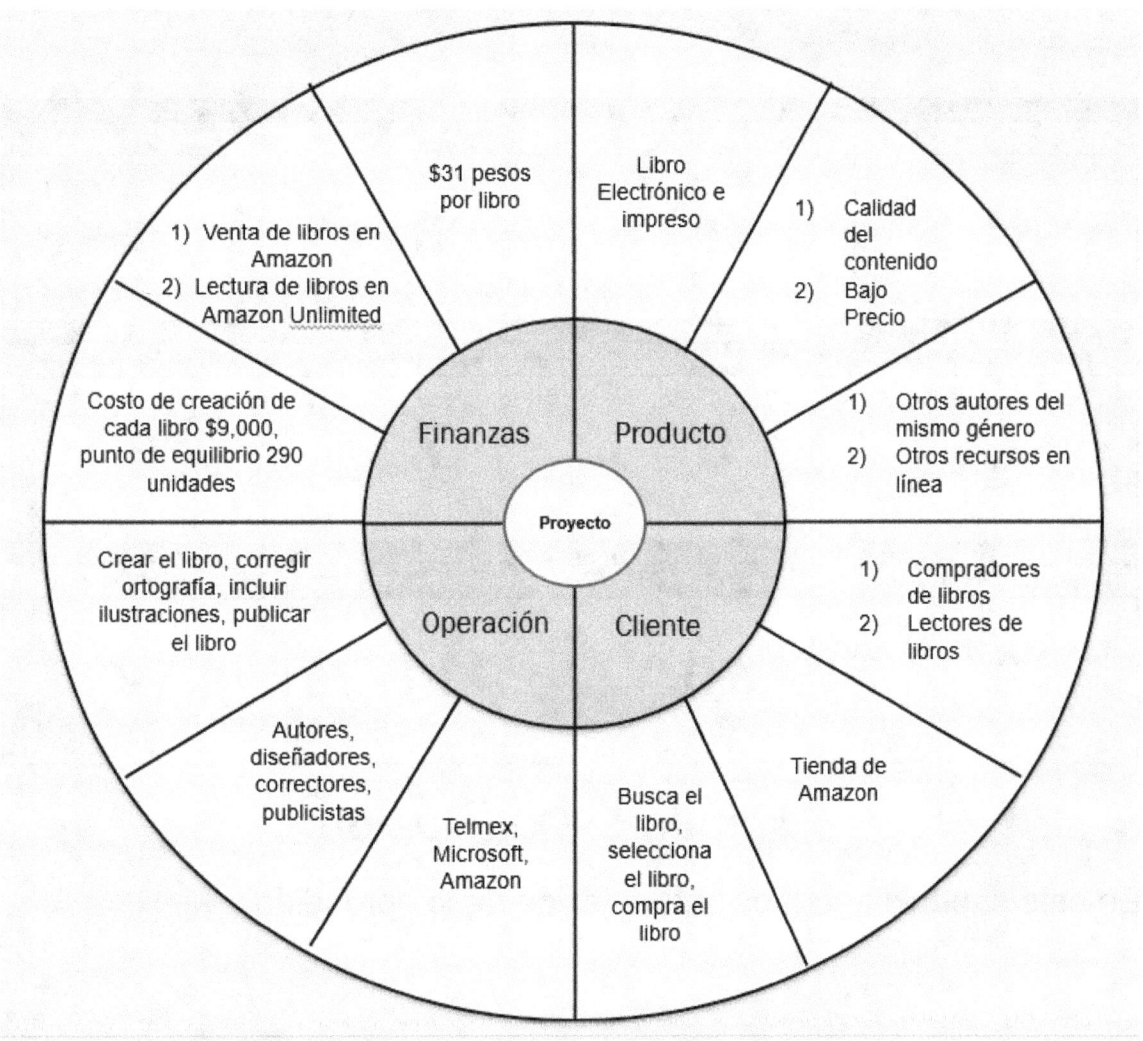

Figura 4.9 CANVAS-X circular, ejemplo de venta de libros

Nota: Igual que en la aplicación de software, se recomienda usar hipervínculos cuando el texto o las notas auto-adheribles no caben en el formato circular para mostrar todo el detalle en hojas o diapositivas anexas.

Capítulo 5: Conclusión

En este capítulo haremos una reflexión de lo aprendido.

Reflexión

Con este capítulo terminamos el contenido de este libro, espero hayas quedado complacido y emocionado para seguir creando nuevos modelos de negocio ya sea con el CANVAS clásico o con el CANVAS-X propuesto en este libro.

El modelo puede enriquecerse combinándolo con otros elementos gráficos para explicar de forma más completa el concepto de tu negocio.

En el siguiente punto te presentaré algunas ideas para mejorar visualmente tu modelo de negocio.

¿Qué otros elementos puedo integrar en mi modelo de negocio?

Como el viejo dicho "en el amor y en la guerra todo se vale", pues esa frase también aplica al modelo CANVAS. A continuación, te presento algunos modelos presentados en un concurso de emprendedores realizados por alumnos de una universidad para que veas lo que puedes lograr cuando le pones creatividad a tu modelo de negocios.

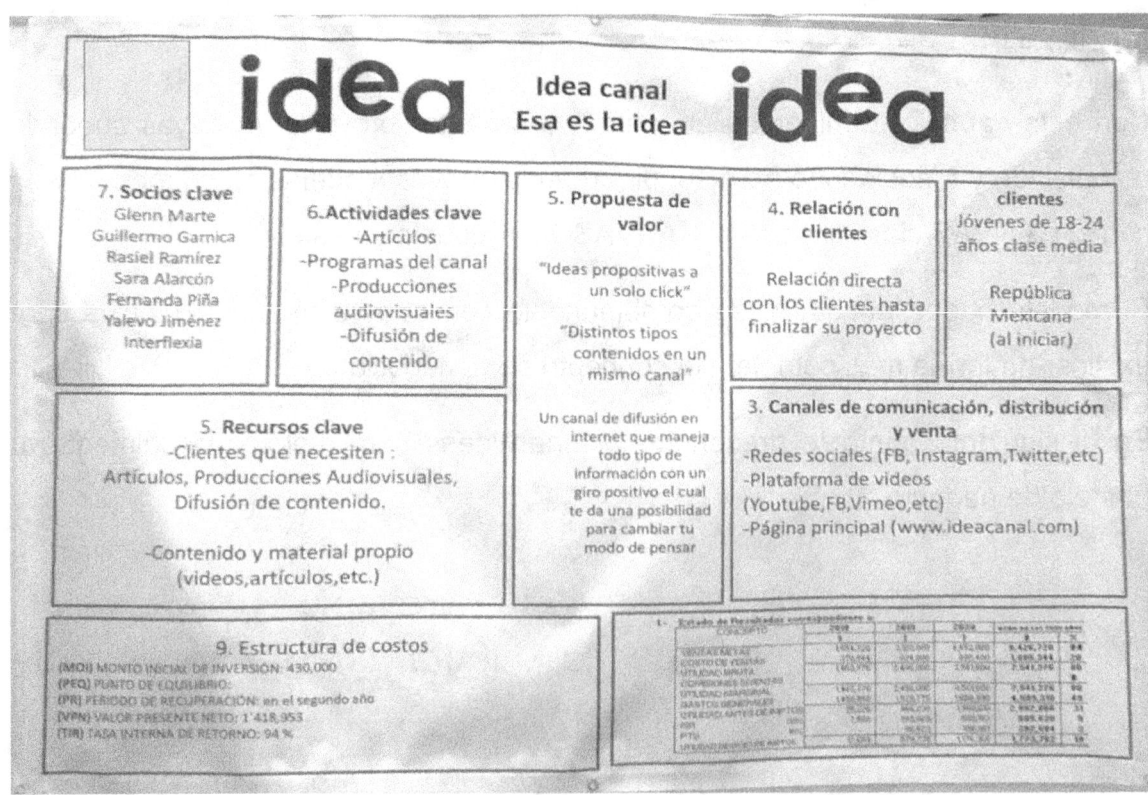

Figura 5.1 Ejemplo de CANVAS sencillo.

En la figura anterior vemos un ejemplo cásico de CANVAS con ausencia de imágenes y un cuadro abajo a la derecha con el detalle de los flujos de ingresos esperados.

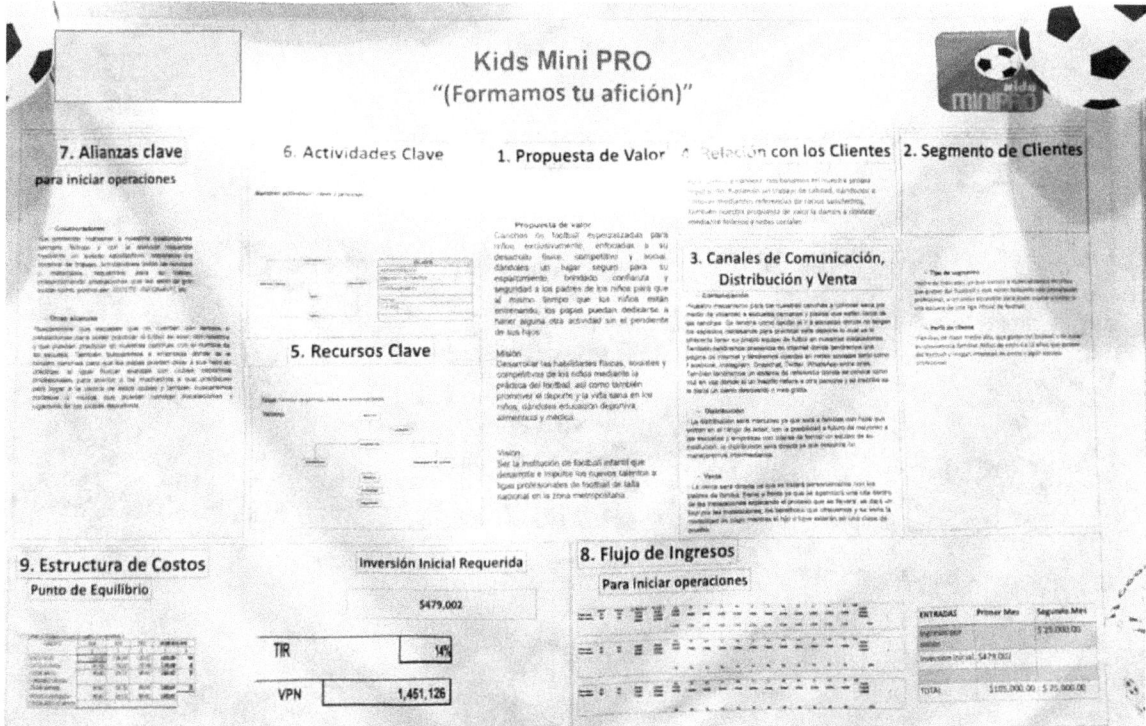

Figura 5.2 Ejemplo de CANVAS con varios elementos

En la figura anterior podemos ver como se usan diagramas de flujo para enriquecer el CANVAS, además de usar los cuadros financieros.

Figura 5.3 CANVAS con fotografías

En la figura anterior, se puede ver el uso de imágenes para explicar el contenido del modelo de negocio. Además de las fotografías, en la estructura de costos se aprecia la inversión inicial necesaria y el punto de equilibrio en forma de gráfica de líneas cruzadas.

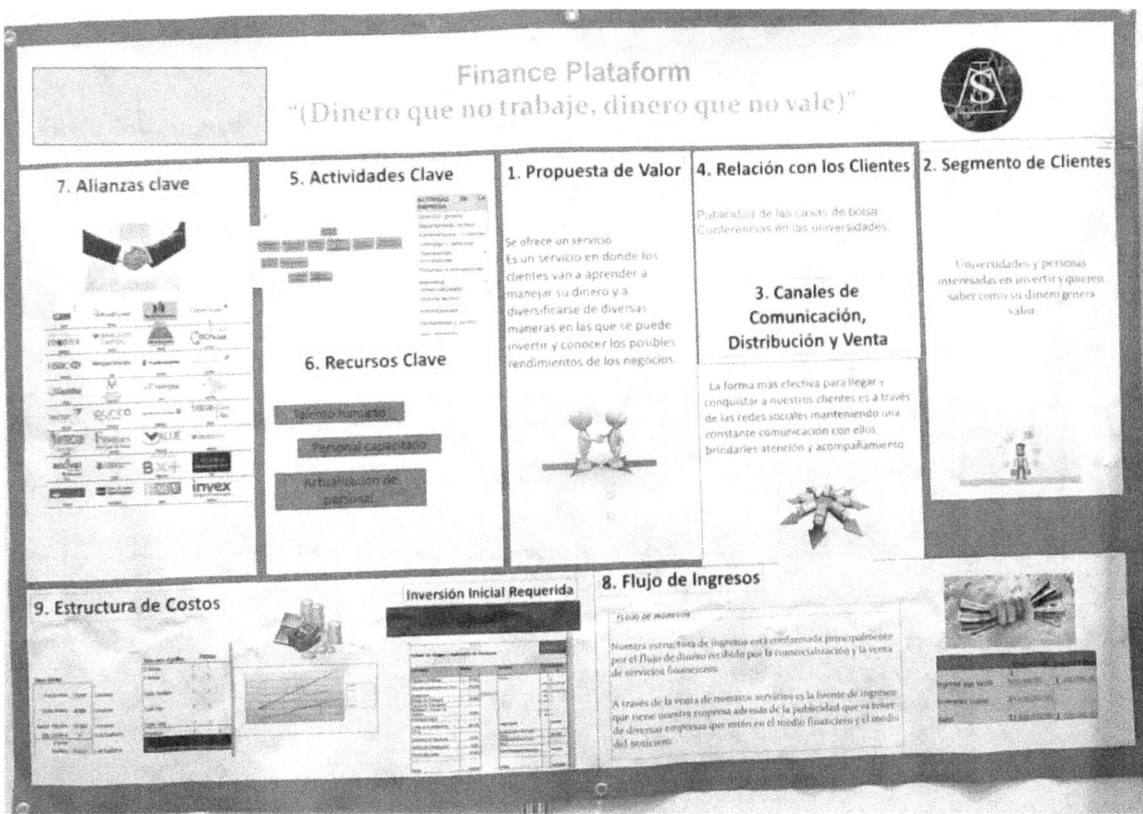

Figura 5.4 CANVAS con varios elementos gráficos

En la figura anterior vemos un CANVAS donde se usan varias imágenes, gráficas y diagramas para explicar el modelo de negocio.

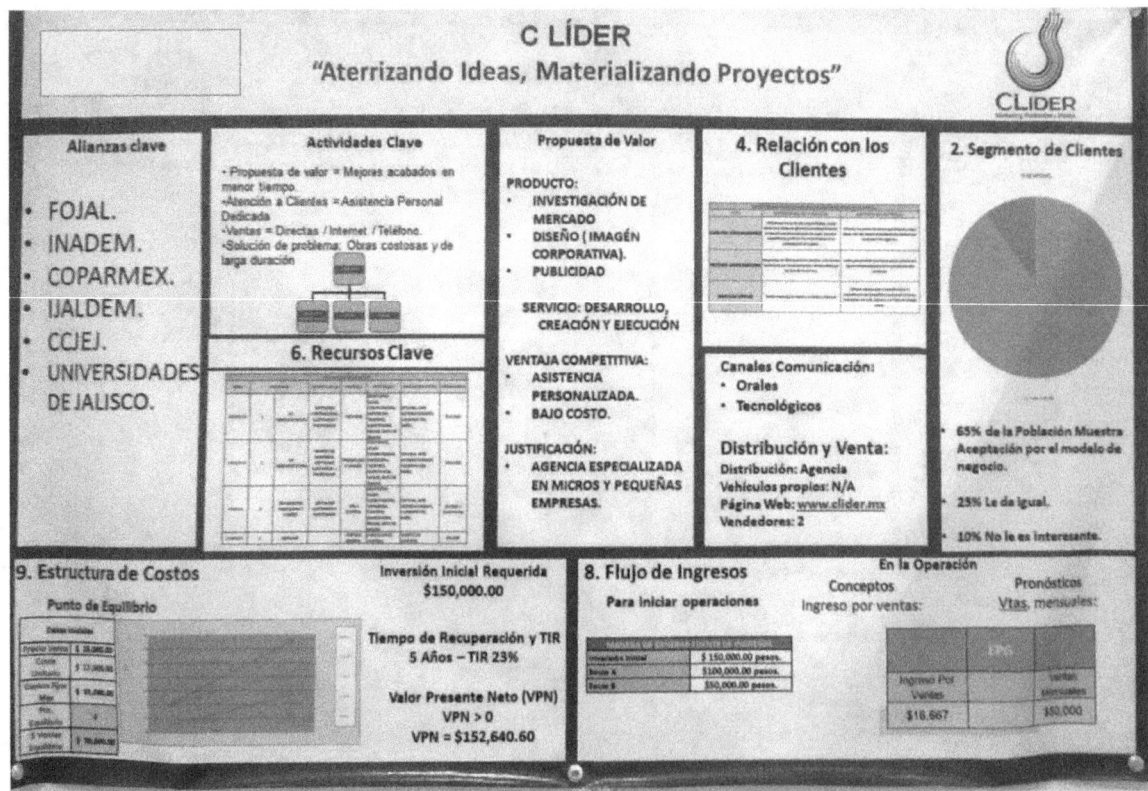

Figura 5.5 CANVAS con varios elementos.

En la figura anterior se ve un modelo de negocio donde se usó de forma equilibrada el uso de texto, gráficas, cuadros informativos y un diagrama.

Agradecimiento al lector

Agradezco tu tiempo y preferencia, al haber comprado y leído este libro y espero que la propuesta de CANVAS-X te ayude en tu tarea como:

- Emprendedor
- Empresario
- Socio o inversionista
- Estudiante de negocios
- Maestro de negocios
- Consultor de negocios

Por último, si tienes algún comentario o sugerencia de mejora para lanzar en un futuro una versión mejorada de CANVAS-X puedes ponerte en contacto enviando un mensaje al correo achavez@consultia.mx

Gracias y éxito para ti.

Capítulo 6: Otros libros del autor

Aquí encontraras información sobre otros libros publicados del autor.

Libros en Amazon

Si has disfrutado este libro y tienes necesidad de aprender otras herramientas como por ejemplo Microsoft Excel, te recomiendo entrar al sitio web de Amazon de tu país y buscar mis libros publicados.

Al entrar al sitio www.amazon.com puedes seleccionar la categoría de libros y escribir mi nombre completo (Alejandro Chavez Castillo) para que mires si alguno de los otros libros te puede servir.

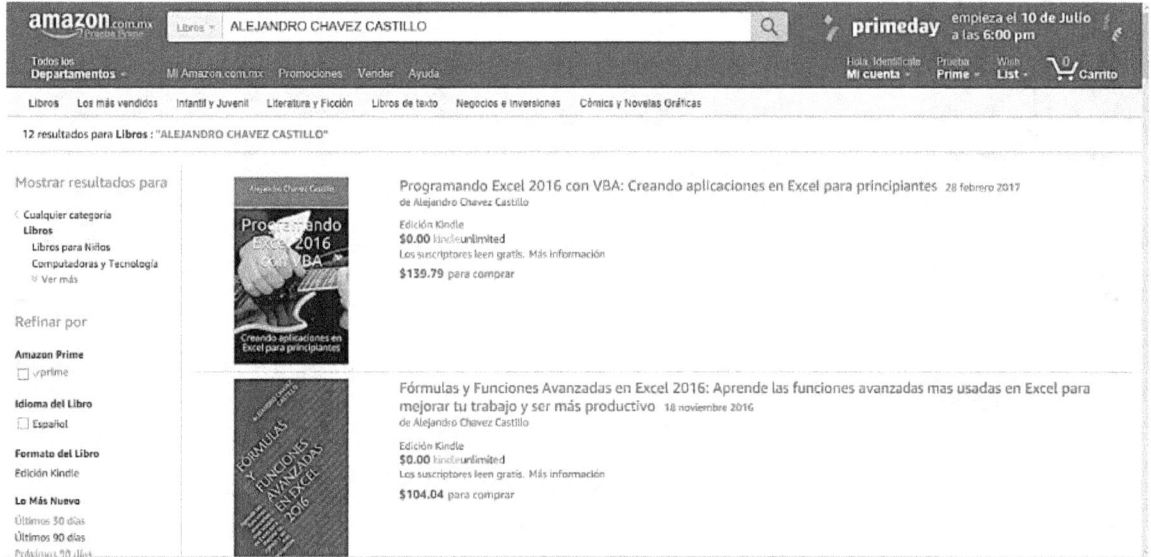

Figura 6.1 Consulta de los libros disponibles en el sitio de Amazon

Programando Excel 2016 con VBA: Creando aplicaciones en Excel para principiantes 28 febrero 2017
de Alejandro Chavez Castillo

Edición Kindle
$0.00 kindleunlimited
Los suscriptores leen gratis. Más información

$139.79 para comprar

Figura 6.2 Detalle del libro Programando Excel 2016 con VBA en el sitio de Amazon

Fórmulas y Funciones Avanzadas en Excel 2016: Aprende las funciones avanzadas mas usadas en Excel para mejorar tu trabajo y
de Alejandro Chavez Castillo

Edición Kindle
$0.00 kindleunlimited
Los suscriptores leen gratis. Más información

$104.04 para comprar

Macros Grabadas en Excel 2016: Para principiantes en plataforma Windows (Aprende Excel) 16 junio 2016
de Alejandro Chavez Castillo

Edición Kindle
$0.00 kindleunlimited
Los suscriptores leen gratis. Más información

$92.98 para comprar

Análisis de Información con Excel: Aplicado a Listas, Tablas, Tablas Dinámicas y Bases de Datos 16 mayo 2016
de Alejandro Chavez Castillo

Edición Kindle
$0.00 kindleunlimited
Los suscriptores leen gratis. Más información

$85.22 para comprar

La Función SI en Excel: Aprende como tomar decisiones en Microsoft Excel 2016 y anteriores (Aprende Excel) 4 septiembre 2016
de Alejandro Chavez Castillo

Edición Kindle
$0.00 kindleunlimited
Los suscriptores leen gratis. Más información

$81.18 para comprar

Figura 6.3 Detalle de varios libros del autor en el sitio de Amazon

Usando Tablas y Filtros en Excel: Manejo basico de tablas de datos para principiantes 23 mayo 2016
de Alejandro Chavez Castillo

Edición Kindle
$0.00 kindleunlimited
Los suscriptores leen gratis. Más información

$18.16 para comprar

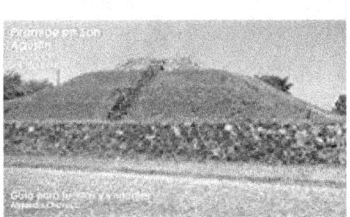

La Piramide de San Agustin Zapotepec: Una guia para turistas y visitantes 23 abril 2017
de Alejandro Chavez Castillo

Edición Kindle
$0.00 kindleunlimited
Los suscriptores leen gratis. Más información

$37.43 para comprar

Figura 6.4 Detalle de libros de bajo precio del autor en el sitio de Amazon

KINDLE UNLIMITED

Si eres suscriptor del servicio de Kindle unlimited en Amazon, es casi un hecho que puedes leer ahí todos mis libros gratis, aprovéchalo.

Figura 6.5 Publicidad del servicio de Kindle Unlimited

Nota: No confundas el servicio de pago por acceso a la biblioteca de Amazon llamado Kindle Unlimited (figura 6.5) con el dispositivo llamado Kindle que se vende como una *tablet* donde puedes descargar libros, igual que como lo puedes hacer con tu teléfono inteligente o *smartphone*.